SKILLFUL LEARNING

100 LEARNING TEXTBOOKS CONCENTRATED IN 1 BOOK

最強學習法

將「一百本學習法暢銷書」重點整理成冊

大學教授、腦科學家、社會菁英……具備的學習祕訣完整收錄

文道　藤吉豐　小川真理子

游韻馨 ———— 譯

序

這是**一本統整「一百本」學習法名著精髓的書**。

「將大多數大學教授、補習班和私塾講師、腦科學家、記者、研討會講師、評論家、高學歷藝人實踐的學習法祕訣整理成冊。」

「依重要性的順序學會博學多聞的人、善於記住知識的人、喜歡唸書的人最重視的祕訣。」

這就是本書概念。

學習法不只有一個，各領域專家都公開了各式各樣的學習技巧。「做筆記」、「重複閱讀加深記憶」、「大聲朗讀加深記憶」、「重複解題」等，我們可以選擇的學習法相當多樣。

創作本書時，筆者藤吉豐與小川真理子研讀了一百本學習法、讀書法與記憶法名作。結果發現「大多數精通學習法的人、學習能力強的人，都有共通的技能知識」。

本書嚴選一百本學習法名著共通的技能知識加以排名，依照「重要順序」介紹給讀者。

◆決定排名順序的方法

為了收集大多數學習法作者認為「重要」的共通技能知識，本書依照下列順序篩選編纂。

（1）購入「一百本」以「學習法」為主題的書

包括學習法、學習法與記憶法的暢銷書、長銷書等，選擇基準請參閱第二一六頁的詳細說明。

（2）整理出每本書寫了哪些技能知識

仔細閱讀書籍，找出作者認為「重要」的祕訣。

（3）將共通的技能知識列成清單

將類似的「技能知識」統整在一起，記錄有「幾本書」寫下同樣的內容。舉例來說：

・寫「複習的必要性」的書有〇本
・寫「計畫建立法」的書有〇本
・寫「時間運用法」的書有〇本
・寫「選擇參考書」的書有〇本……

（4）將技能知識排出先後順序

依照「刊載的書籍數量」為技能知識排出先後順序。

下一頁的排行榜就是依照以上順序製作而成。

發表！「學習法」、「記憶法」的重要

真正重要的八大基本原則

No.1 不斷複習

No.2 釐清「目的」與「目標」

No.3 善用「休息」時間
提升學習「品質」

No.4 犒賞自己，活化多巴胺

No.5 從目標往回推算建立計畫

No.6 善用零碎時間

No.7 打造「容易集中精神的空間」

No.8 不要熬夜，好好睡覺

順序排行榜　Best 40！

實現更優質學習的十二個重點

NO.9	寫筆記時要注意「活用性」
NO.10	學習的基本是「向他人學習」
NO.11	「理解內容」勝過速度和硬背
NO.12	對學習對象「感興趣」
NO.13	失敗也不用過度反省
NO.14	「說給別人聽」可加強記憶
NO.15	不要執著「不適合的做法」
NO.16	學會速讀技巧
NO.17	設定時限可提高集中力與記憶力
NO.18	從輕鬆易讀的參考書、入門書看起
NO.19	利用「運動」鍛鍊大腦
NO.20	啟動「五感」學習

繼續學習、達成目標的二十個祕訣

No.21	輸入一定要輸出
No.22	巧妙運用「早上」與「夜晚」
No.23	及格與否取決於「題庫」的運用方法
No.24	結交互相刺激促進成長的夥伴
No.25	有疑問「立刻」查出答案
No.26	朗讀有助於提升記憶力
No.27	徹底打好「基礎」就能及格
No.28	不要在意他人，專注於自己本身
No.29	堅持就是力量，積少成多
No.30	改變飲食也能改變成績
No.31	自掏腰包、捨得花錢
No.32	考試時從會解的題目開始
No.33	不一心多用
No.34	什麼時候做？當然是現在！
No.35	完成「比別人多的量」
No.36	頻繁切換學習內容
No.37	正確掌握「自己的程度」
No.38	不擅長才有「機會」
No.39	事先決定例行公事或「儀式」較容易集中精神
No.40	適度的壓力可提升成果

◆善用排行榜的方法與本書構成

本書將從一百本書萃取的四十個重點分成三大項。

・第1～8名（➡請參閱Part1）

多數作者認為「重要」的八大技能知識。

無論學習的目的為何，包括準備入學考試與資格考試（證照），學習提升工作技巧，增加個人教養等，此處網羅的都是所有人要學會的基本原則。

這八大技能知識，是達到下列目標不可或缺的技能知識：

「加強學習效率。」

「確實記住知識。」

「提高學習動機。」

・第9～20名（➡請參閱Part2）

理解「第1～8名」之後，若想進一步提升學習成果，就要學會這些技能知識。

・第21～40名（➡請參閱Part3）

學習專家各自提出的技能知識。熟稔「前二十個項目」之後，再學習Part3。

筆者藤吉與小川在本書中扮演**學習法導覽員**的角色。

兩人拋開個人的主觀意見，以客觀公正的立場，從一百本書嚴選出共通的技能知識，分門別類地整理，依「重要度」排出先後順序。

由於每個項目都是獨立的，各位可以任意選擇閱讀，也能系統性地了解各大重點。

◆關鍵字「共通的技能知識」究竟是什麼？

誠如前方所述，本書聚焦於「兩本以上的書都有介紹的技能知識、原則與祕訣」，並加以統合整理。

舉例來說，如果兩本以上的書提及「短時間不斷複習就能加強記憶」，即代表這是多數學習專家認可的「共通技能知識」。

◉共通的技能知識

……多數學習高手、考試指導專家、智者（有智慧的人）、知識分子等「學習法書籍」作者重視的技能知識。

「兩本以上的書提及同樣的技能知識」，代表不可忽略「這項技能知識」。

一百本書只有「一本」提及的技能知識，是該書作者特有的智慧結晶，也可能是「該書作者認為重要，其他作者並不重視的技巧」。

一百本書有「五十本」都提及的技能知識，與只有「一本」介紹的技能知識相較，「五十本」都提及的技能知識具有較高的通用性、普遍性，也較容易效法實踐。換句話說，是**相對容易學會、模仿，以及對多數人有用的技能知識**。

我們認為：

「比起只有一本提及的訣竅，先學會許多書提及的技能知識，更能有效學習。」

「無論有沒有才華，學習時注重共通的技能知識，任何人都能博學多聞。」

◆本書優點

本書優點主要為以下九點：

本書的九大優點

①學會根據大腦機制「鞏固記憶的方法」。

②無論有沒有才華，任何人都能提升學力與智力。

③了解如何維持學習動機。

④了解如何運用時間提升專注力。

⑤了解「學習比不學習更好的理由」。

⑥了解「享受」學習的心理準備。

⑦找到「適合現在自己的學習法」。

⑧無論目的是準備入學考試、考取證照或提升技能，任何人都能養成書中介紹的學習法。

⑨了解以最短距離、最短時間做出成果的學習法。

◆本書對象

本書的整體結構不限定職業、年齡與目的，可幫助多數人提升自己的學力與智力。

- **即將參加入學考試的學生**（或其家長）
- **想提升學校成績的學生**（或其家長）
- **想考取證照的人**
- **想培養一般教養的人**
- **為了提升工作技巧或在職場更上一層樓，因而想增加知識與技能的上班族**
- **補習班、私塾與學校講師和教師**（教學者）

「市面上有許多介紹學習法的書籍，但不知道該讀哪一本。」

「想知道如何記住必要資訊和數據。」

「想改用效率更好的學習法。」

「我讀過很多本學習法書籍，卻看不出效果。」

「想打造適當的學習機制，即使是不擅長讀書的孩子也不會膩。」

「我想用功念書，卻擠不出時間。」

「每次想用功念書，念沒幾天就放棄了。」

如果你有這樣的煩惱，衷心希望本書能成為你的助力，這是身為作者最大的榮幸。

株式會社文道　藤吉豐／小川真理子

Contents

Part.2 一百本書推薦提升效率的「十二個重點」

排行榜第9～20名

Part.3 進一步提升記憶力的「二十個祕訣」

排行榜第21～40名

Part.1

綜觀一百本名著才了解真正重要的「八大基本原則」

排行榜第1～8名

No. 1 不斷複習

Point

1 複習愈多次愈記得住

2 「隔天」再做第一次複習

3 利用圖像和情節加強記憶

第一名是不斷複習。

一百本學習法名著中，有五十一本闡述「複習與重複的重要性」。由於**大腦有一個「反覆記住就不容易忘記」的機制**，因此複習對於學習來說相當重要。

許多學習法暢銷書提及「記憶的機制」、「大腦運作」，佐證「複習的重要性」。

學習前先理解記憶機制，就能提升記憶效率。

學習時若不知道人類如何記住事物，就會事倍功半。

腦研究家池谷裕二教授曾在《增強記憶力》（講談社）中提及：**「大腦有大腦的特性，若不順應特性，不管怎麼努力都無法提升記憶力。」**

1 複習愈多次愈記得住

依照儲存在腦海裡的時間長度，記憶可分成「短期記憶」與「長期記憶」。

◉短期記憶
……儲存時間較短的記憶。記憶時間很快，忘得也快。儲存的資訊容量（個數）有限，無法在短時間內記住大量資訊。短期記憶由大腦的「海馬迴」掌控。

◉長期記憶
……可長期儲存資訊的記憶。可容納的資訊量較大，由大腦的「大腦皮質」掌控。

短期記憶的維持時間為幾秒鐘到一分鐘左右，最長的也只有幾分鐘，屬於「記住的資訊持續時間較短的記憶」。

所有資訊都先以短期記憶的形式保留，之後大腦會將「重要」資訊送進大腦皮質，形成長期記憶。

記憶機制

- 資訊→短期記憶→海馬迴認為「不重要」→遺忘
- 資訊→短期記憶→海馬迴認為「重要」→長期記憶（送進大腦皮質）→永遠記住

大家常以「電話號碼」為例，解說短期記憶與長期記憶的差別。當我們看著電話簿、便條紙和名片打電話時，電話號碼會留存在短期記憶裡。由於短期記憶的留存時間較短，打完電話後就忘了剛剛打的電話號碼是多少。

不過，如果重複打同一支電話號碼，就能記在腦子裡，無須查看電話簿。**「重複」這個動作能讓海馬迴判斷「這支電話號碼很重要」，將該資訊移入長期記憶**。

所謂的「記得」和「想起來」等狀態，代表該資訊儲存在長期記憶裡。**「馬上就忘了」代表學到的事物並未移入長期記憶**。

瑞典精神科醫師安德斯．韓森（Anders Hansen）指出：「**值得長久記住的記憶會從海馬迴移至長期記憶區。今天早上穿襪子的記憶沒有流傳後世的價值。**（略）**從短期記憶移至長期記憶稱為『穩固化』**（記憶鞏固）。」《最強腦》（新潮社）

該怎麼做才能將記憶穩固下來（從短期記憶移至長期記憶）呢？

在一百本名著中，多數作者認為「複習」（反覆學習）是最有效的方法。

「記憶鞏固最重要的是讓海馬迴認為『這項資訊對自己來說很重要』，為了達成此目的，複習、複述是最有效的方法。」（河野玄斗《東大醫科生一次通過司法考試的最強讀書術》／台灣角川）

「進入短期記憶的資訊，若沒多次複習就會忘記，不斷複習複述就能移至長期記憶。」（《藉由『陽炎眩亂』了解國中生學習法多有趣的書》／KADOKAWA）

「想讓記憶穩固下來，『重複』和『反覆學習』不可或缺。這麼做才能讓大腦判斷這是必要資訊。」（萩原京二、近藤哲生《考上就靠心智圖：公職・升學・就業・證照》／智富）

「只學一次，知識不可能進入腦袋，若沒有不斷複習至厭煩的程度，無法將可用知識刻在腦海裡。」（Mentalist DaiGo《最短時間獲得最大成果的超效率學習法》／學研PLUS）

2 「隔天」再做第一次複習

十九世紀，有個人實際驗證「記憶隨著時間流逝的演變狀況」，這個人就是德國心理學家赫爾曼・艾賓浩斯（Hermann Ebbinghaus）。艾賓浩斯是針對記憶進行實驗研究的先驅，他因發現「遺忘曲線」聲名大噪。

艾賓浩斯透過「記住無意義單字」的實驗，做出以下結論（實驗內容和遺忘曲線的詳細內容請參閱第八十頁Column的說明）：

透過遺忘曲線解讀的結論

- 立刻重複記憶就能以最少時間再度記住。
- 記住一件事之後，再次記憶的時間間隔如果愈長，就要花愈多時間記住。
- 複習愈多次，重新記憶的時間就愈短。

可以確定的是，「複習愈多次愈容易記住」。一百本書中有五十一本提及「複習的時間點和次數」，以下介紹部分內容：

- **《增強記憶力》**（池谷裕二）

第一次…一週後／第二次…第一次複習的兩週後／第三次…第二次複習的一個月後

- **《讀書，不要用蠻力》**（莊司雅彥）

第一個…隔兩天／第二次…一週後

- **《心智魔法師》**（東尼・博贊）

第一次…學習10分鐘後複習5分鐘／第二次…一天後複習2～4分鐘／第三次…一週後複習2分鐘／第四次…一個月後

- **《在家學習強化書》**（葉一）

第一次…傍晚／第二次…睡前／第三次…第二天早上／第四次…第三天

- **《東大生寫給中學生的九個學習祕訣》**（清水章弘）

第一次…當天／第二次…隔天／第三次…週末

- **《最強大腦學習法》**（凱瑞／Benedict Carey）

第一次…一兩天後／第二次…一週後／第三次…一個月後（一個月後的複習間隔更長）

※介紹波蘭研究家彼歐茲・沃茲涅克（Piotr Wozniak）的學說。

雖然不同作者提出的次數和時間點不同，但有以下四個共通之處：

複習要點

①初次記住的知識資訊不要置之不理，一定要複習。
②第一次的複習要儘早做（最晚不拖過隔天）。
③一天後、一週後、一個月後……隔一段時間後，請務必再次複習。
④有些人只要複習幾次就能記住，有些人一定要複習很多次才能記住，應配合自己的步調與次數複習。

3 利用圖像和情節加強記憶

社會心理學家南博教授在《記憶術》（光文社）中闡述：「**記憶時一定要配合記憶機制的特性選擇正確方法，這一點很重要。**」只要善用此機制，就能長期穩固記憶，不會忘記（也能提升複習效果）。

◆善用記憶機制的記憶法範例

（1）建立情節加強記憶

使用「情節記憶」（Episodic memory）就不容易忘記。

情節記憶指的是「連結個人經驗的記憶」，可連結時間、場所、情感的事物最容易記住。

「無論是被導師責罵導致在走廊罰站的理由，對朋友說了傷害他的話，或是別人說了中傷自己的話，這類在自己人生中真實發生過的記憶很難忘記。」（博之《無敵的獨學術》／寶島社）

活用情節記憶的範例

- 透過經驗學習，實際做做看。
- 與別人分享，在書中寫下感想（留下自己說過、寫過的情節）。
- 閱讀學習漫畫（建立類經驗）。
- 利用背誦的內容，在腦中建立情節。
- 將書籍和報導內容在腦中影像化（故事化）。
- 閱讀時要投入書籍內容、化身登場人物、進入書中世界。
- 「我喜歡這個角色、我討厭這句話、這件事令人悲傷」──為記憶增添情感就能記住。

（2）利用視覺輔助

比起文字，圖畫和影片等圖像對大腦來說「比較容易記住與回想起來」，這是大腦結構的問題。

「善用圖片、照片和插圖。研究顯示，比起只有文字，使用圖片的記憶程度高出六倍之多。（樺澤紫苑《最高學習法》／春天）

（3）加上關聯更容易記憶

記憶新知識時，最好連結自己已知的知識，更容易記住。

「日本人一聽到『unite』就會聯想到日文是『ユニット』，或是想起其他讀音相近的詞彙，例如uniform、university。這類人可以很輕鬆地記住『unite』這個英文詞彙。」（西岡壱誠《東大生的強者思維特訓課》／商周出版）

No.2 釐清「目的」與「目標」

Point

1. 思考「自己想成為什麼樣的人」
2. 思考「自己這麼做的原因」
3. 強烈祈願「我一定做得到！」

第二名是釐清「目的」與「目標」。

一百本名著中，多數作者認為釐清以下兩點的重要性：

「我想成為什麼樣的人？」（＝理想、目標）

「為什麼我要成為那樣的人？」（＝目的、理由）

釐清自己的理想樣貌，有以下兩大理由：

◆釐清「理想自我」的兩大理由

（1）湧現學習的意志

學習專家指出**「有也可以」的學習動機很難持續下去**，若是基於「雖然不知道何時派得上用場，但會說英文也很棒」、「我好想上大學，哪一間都可以」、「我想去考證照，對我找工作可能有幫助」等類想法展開學習，很容易半途而廢。

另一方面，當自己很清楚「為什麼要學習」，明白「自己想成為什麼樣的人」，就能提高上進心與認真度。

「人沒有『目標』就無法採取行動。說得具體一點，若眼前沒有吊著紅蘿蔔，就無法往前跑。（略）**為了找到自己的『紅蘿蔔』，第一步就是找到自己的理想。一步步釐清『自己想成為什麼樣的人』。」**（吉永賢一《東大醫科高材生的滿分學習法》／商周出版）

（2）具體了解「自己該做什麼」

鉅細靡遺地想像「自己的理想樣貌」，愈能找到達成目標的必要方法。

若不清楚「自己的理想樣貌」或「學習目的」，就無法想出對策（在某個時間點以前該學會什麼）。

「『盡可能多睡一點』的目標過於模糊，若想拉長睡眠時間，應該設定以下目標：『平日晚上十點上床睡覺』。如此一來，就很清楚知道自己什麼時候該做什麼事。若遇到無法實現目標的情形，也知道是什麼原因造成的。」（海蒂．格蘭特．海佛森《成功人士一定會做的九件事情》／晨星）

《神動機》（SB Creative）的作者星涉也說明了「去南方島嶼」與「去夏威夷的歐胡島」這兩個目標之間的差異：**「只要將模糊的目標設定得更清楚，大腦就會自動規劃該做什麼才好，並採取實際行動。」**

✕目標模糊

・目標……「去南方島嶼」

南方島嶼究竟是哪一座島？可能性太多了，讓人不知道該做什麼，沒有任何想法，就無法採取行動。

〇目標明確

・……「明年十二月二十八日到後年一月四日，我要去夏威夷的歐胡島」

有了明確目標就知道該如何規劃行程、估算費用、確認飯店房間等，明白自己該做什麼，較容易實現。

1 思考「自己想成為什麼樣的人」

「想成為什麼樣的人」是「理想」與「目標」。

更鮮明具體地描繪「自己的理想樣貌」、「成功的模樣」，就能讓自己「充滿自信」、「維持幹勁」、「朝理想邁進」。

一百本書中，多數作者認為「若能具體想像自己達成目標的情景，和感受那一刻的心情，較容易實現自己的目標」。

「當腦中產生強烈念想，大腦就會朝該方向付諸行動，這樣的反應稱為『念動現象』。有鑑於此，只要一直想著『自己想成為的模樣』，就能提高具體實現的可能性。」（松原一樹《第一志願錄取！必勝學習法》／三悅文化）

「未察覺自己的理想樣貌，漫無目的地行動就會失去自信。只要意識到自己的真心，就能採取和理想一致的行為。」（戴夫．亞斯普雷《防彈成功法則》／木馬文化）

2 思考「自己這麼做的原因」

「自己這麼做的原因」其實是學習的「目的」和「理由」。

當一個人的努力沒有急迫性，或沒有目的和必要性，就無法堅持下去，很容易半途而廢。

為了避免失去學習意願，一定要釐清自己的學習目的和理由，明白自己是為了某某原因而學習，了解吸收什麼知識對自己有利。

能否為自己的努力增添意義，明白自己學習的理由，將改變學習的成果。

經濟評論家勝間和代認為，現在做的事必須與未來的願景連結，才能避免產生學習倦怠。

「明白自己為什麼這麼做、未來會有什麼改變，並且牢記在心。（略）**以英文為例，記住文法不是終點，一定要設定真正的目標，例如培養接近當地人的英文能力，運用在收集資訊、市場行銷、商品開發等。」**（《年收入增加十倍的學習法》／晨星）

身兼劇本家與日本神經心理學會會員的上岡正明認為，「具備目的意識（思考該為什麼原因讀書）」是展現讀書成果的最大祕訣。

「幾乎所有人都是在不明白自己的人生目的與願望等情形下學習，不明就裡地將心思投入在高速閱讀，最後的成果只有『好看』、『不好看』等書評。正是這個原因，書讀過就忘，也無法為人生做出貢獻、創造成果。」（《至死不渝的高速閱讀法：把知識化為收入的秘密》／如何）

3 強烈祈願「我一定做得到！」

當你十分明白「我是為了某某目的成為什麼樣的人」，有了明確的目標和目的，就能堅定自己的意志，告訴自己「一定做得到」。

不要輕率地想「要是有一天能做到這樣就好」，而是秉持自己的主觀意見，告訴自己「我絕對能做到」、「在什麼時間點之前可以實現目標」，就能做出成果。

「我的信念是『只要願望十分強烈就會實現』，當一個人的意念愈強，日常生活中的各種層面就會隨著意念改變，並且實現願望。」（野口悠紀雄《「超」學習法》／星光）

「如果不是自己打從心底想做的事，就無法朝著目標毫不猶豫地筆直向前。找到真心想要的目標，看到流星會大喊『我想實現』的願望，你就能湧現力量。」（中野信子《將全世界「聰明的人」做的事情整理成冊》／ascom）

人很容易被短期欲望影響。短期欲望指的是「我想再多睡一會兒」、「我想喝酒」、「我想打電玩」等「一時的快樂」。心中想著「現在不做，晚點再做就好」，無法抗拒眼前的誘惑。

「願望不夠強烈」是受到短期欲望影響的原因之一。

升學考試指導教練池田潤在《在家念書就能考上的高效自習法》（采實文化）一書中，闡述了擁有「遠大願望」可維持學習幹勁的主張。

「正因為想從學習中獲得的願望過於薄弱，才無法堅持下去。簡單來說，若不想被短期欲望影響，一定要抱持強烈願望才行。」

No.3 善用「休息」時間提升學習「品質」

Point

1 以「集中注意力的時間」劃分學習時段

2 利用「番茄工作法」打造專注週期

3 設定「不學習的放鬆日」

第三名是善用「休息」時間提升學習「品質」。

腦科學界已經證實，完全不休息的長時間「集中學習」與中間插入短暫休息的「分散學習」相較，**分散學習的記憶較容易穩固下來**。

若中間完全不休息，拚盡全力學習，很容易失去專注力，也不容易記住學到的知識，反而浪費時間又毫無成效。

心智圖創始者英國教育學家東尼．博贊（Tony Buzan）認為，**「休息是大腦吸收學習內容的時間」**。

「每學習二十到五十分鐘固定休息一會兒，可在學習期間輕鬆想起正確資訊。」（《心智魔法師》／耶魯）

◆短暫休息的四大好處

（1）幫助記憶鞏固。

（2）保持專注力。

（3）避免學習倦怠。
（4）舒緩身體疲勞（肩膀痠痛、眼睛疲勞等）**。**

此外，休息也有助於發揮「初始效應」和「時近效應」。

◉初始效應
……「最初」接觸的資訊較容易被記住。
◉時近效應
……「最後」接觸的資訊較容易被記住。

大腦有一個特性是「最初與最後資訊最容易記住」，善用此特性，**增加「最初」與「最後」的次數，就能提高學習效率**。

以「完全不休息，持續學習三小時」為例，「最初（初始效應）只有一次，最後（時近效應）也只有一次」。

不過，若將三小時分成「『五十分鐘學習＋十分鐘休息』×三次」，就能發揮各三次「初始效應」和「時近效應」。

休息最重要的目的是讓「學習過程中感到疲累的身體和大腦休息」，在一百本書中，許多作者都說：「不建議在休息時間滑手機或玩電動。」原因在於這個做法無法讓大腦休息。

中間加上短暫休息時間，增加「最初」與「最後」的次數

完全不休息，持續學習3小時

「50分鐘學習＋10分鐘休息」×3次

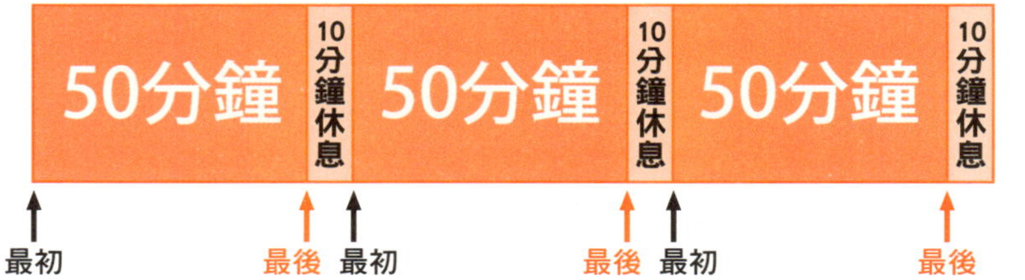

度過休息時間的方法

- 聽喜歡的音樂。
- 做一些伸展操等輕度運動。
- 小憩（閉目養神）。
- 喝喜歡的飲料。
- 讀閒書或看漫畫。
- 吃點心。

中田敦彥與河野玄斗皆提出「不妨在休息時間學習」的提議。

「各位可能不相信，備考期間最棒的休息方式就是用功念書。」（中田敦彥《大合格》／KADOKAWA）

假設你在準備日本史考試，而且進行得不順利，不妨在休息時間背英文單字。中田表示：**「這麼做可以在維持『用功模式』下轉換心情。」**

「沒有任何方法比『休息時間念自己最擅長的科目』更好，若是在準備自己不擅長科目時感到疲倦，不妨在休息時間念一下自己擅長的領域，再回到不擅長科目……如此重複下去，就能達到用功一整天的目標。」（河野玄斗《東大醫科生一次通過司法考試的最強讀書術》／台灣角川）

1 以「集中注意力的時間」劃分學習時段

一百本書的作者一致認為「無法長時間維持專注力」。

不過，學界對於「專注力的持續時間」有不同看法，一百本書中介紹的持續時間也不同，包括二十分鐘、四十五分鐘、六十分鐘、九十分鐘等（最長為九十分鐘）。

每個人維持專注力的時間都不一樣，有些人可以持續九十分鐘，有些人過了十五分鐘就開始精神渙散。

由於這個緣故，各位一定要找出適合自己的「學習＋休息」組合（請參考第二點利用「番茄工作法」打造專注週期），例如「學習五十分鐘＋休息十分鐘」、「學習四十五分鐘＋休息十五分鐘」或「學習九十分鐘＋休息二十分鐘」（亦可參考2介紹的「番茄工作法」）。

「需要多少時間做什麼事才有效？這一點必須自己多方嘗試才知道。」（凱瑞《最強大腦學習法：不專心，學更好》／天下文化）

「每個人的專注力都有不同表現，找出適合自己的方法並且實踐，才是最好的做法。」（安河內哲也《聰明人學習法》／中經出版）

「可集中精神的時間依每天狀況不同。」（葉一《在家學習強化書》／FOREST出版）

2 利用「番茄工作法」打造專注週期

讀書猿、Mentalist DaiGo等人都在自己的著作中介紹「番茄工作法」（Pomodoro Technique）。

◉番茄工作法

……重複「二十五分鐘工作／學習時間＋五分鐘休息時間」的時間管理術。

發明者是義大利人法蘭西斯科・西里洛（Francesco Cirillo）。

Pomodoro是義大利文的番茄，取名自法蘭西斯科愛用的番茄造型廚房計時器。

「番茄工作法是不斷重複在短時間內專注工作，增加一天內可專心工作的時間，提高知識產出。」（讀書猿《獨學大全》／鑽石社）

番茄工作法的執行步驟

①準備一個計時器，設定「二十五分鐘」。

↓

②專心用功

（如因為接電話、有人提問、別人交辦工作而打斷，要重新計時。）

↓

③計時器鈴響後，休息五分鐘。

↓

④重複1～3步驟。

↓

⑤重複四次「二十五分鐘學習＋五分鐘休息」，就休息「十五到三十分鐘」。

「番茄工作法」的流程

專注工作25分鐘 休息5分鐘 → 專注工作25分鐘 休息5分鐘 → 專注工作25分鐘 休息5分鐘 → 專注工作25分鐘 休息5分鐘 → 休息15～30分鐘

前猜謎選手鈴木光也在其著作《實現夢想的學習法》（KADOKAWA）介紹「使用計時器劃分學習時間」的方法，實施此方法可以了解「多少時間可做多少事」，找到適合自己的學習週期。

- 利用計時器設定一個「自己認為可以全神貫注」的時間
  （三十分鐘、四十五分鐘或六十分鐘等）

⬇

- 鈴響後休息十五分鐘

⬇

- 以同樣方法再做一次

3 設定「不學習的放鬆日」

有些人會基於「休息拖延學習進度」、「大家都很努力，我不能休息」、「怕會養成休息習慣」等理由，對於「休息」感到罪惡或焦慮。

事實上，當自己離目標還有一段距離時，不要焦慮，設定「不學習的放鬆日」也很重要。

原因很簡單，放鬆日有助於喚醒身心，張弛有度才能提高學習品質。

一百本暢銷書中，有些書也建議**「在規劃學習行程表時，要事先納入休息日」**。

「不要每天日夜不休地念書，每週訂一天休息日，還要空出一個下午完全不學習新知識。有些人可能覺得這麼做很浪費時間，事實上，完全不休息會使效率低落，整體來看反而造成負面效果。」（佐藤大和《狡猾的讀書法》／究竟）

「人的能力有限，感到疲累時『能力』和『腦力』自然下降。（略）因此，我採取戰略性的休息方式。在規劃『該做的事情』時，將『休息』視為其中一個任務，納入行程表中。」（白川敬裕《真正的學習法》／鑽石社）

「一開始就規劃『休息時間』也是很好的方法。假設你要規劃一個星期的行程表，不妨設定『週一與週二專心學習，週三下午休息。週四、週五與週六繼續學習，週日休息一整天』。根據我個人的經驗，從事高密度學習時，學習三天一定要休息一天。」（水上颯《東大最強頭腦傳授　鍛鍊大腦的五大習慣》／三笠書房）

No.4 犒賞自己，活化多巴胺

Point

1. 借助「多巴胺」的力量
2. 「讚美」是學習的原動力
3. 累積小小的成功經驗

第四名是犒賞自己，活化多巴胺。

我們拿到獎賞（犒賞自己）會感到開心，敦促自己繼續努力。一百本書有三十一本認為**「獎賞可提高學習效果」**。

「我不認為獎賞是壞事，無論是想讓孩子念書，或敦促自己學習，獎賞都很有效。應該說，獎賞有助於提高學習效果。」（莊司雅彥《讀書，不要用蠻力》／商周出版）

大腦有個特性，遇到讓自己開心歡喜的事就想持續做下去。

若針對學習成果設定獎賞，可產生以下的良性循環：

「努力→學會之前不會的事情→給予獎賞→喜悅（成就感）**→想再繼續學習」**

獎賞分成「有形」與「無形」之物。

◆兩種「獎賞」

・有形的獎賞

……飲食、物品、旅行、獎狀、獎金（錢）等。

・無形的獎賞

……成就感、「受到稱讚就開心」的喜悅之情。

收取獎賞（犒賞自己、犒賞孩子）的時間點一定要在**有結果之「後」**。當一個人想像「收到獎賞的喜悅之情」就能產生幹勁。

×先給獎賞

「今天好好休息，明天再努力吧！」
「我會買○○○給你，下次考試要努力用功喔！」

○後給獎賞

「只要今天達成進度，明天就好好休息。」
「下次的考試要是比這一次高分，我就買○○○給你喔！」

1 借助「多巴胺」的力量

大腦有所謂的「犒賞系統」（reward system）。

當人滿足需求或知道自己滿足需求時，會產生「高興」、「開心」的幸福感，這就是犒賞系統的作用。

當人受到稱讚、達成目標、學會原本不會的事情、吃到美食或喝到美味的飲料、得到想要的東西，就會感到愉悅。**神經傳導物質「多巴胺」是讓人感到愉悅的物質**。

◉多巴胺

……和願望、快樂、強烈的幸福感有關的神經傳導物質。多巴胺分泌得愈多，喜悅之情就愈明顯。

「大腦的犒賞系統真的很強，可以說是驅使我們付諸行動的動力來源。（略）**分泌大量多巴胺能讓人積極樂觀，持續相同行為。大腦會不斷催促我們去做。」**（安德斯・韓森《真正的快樂處方》／究竟）

「究竟是什麼讓我們想要努力，產生自發性？研究家認為神經傳導物質多巴胺扮演著重要角色。」（芭芭拉・歐克莉、歐拉夫・修威《超高效學習》／三采）

當我們產生愉悅、心情好、開心等感覺時，就會刺激腦內犒賞系統的神經，分泌大量多巴胺。

「設定獎賞」是促進多巴胺分泌的方法之一。

當我們期待報酬或需求獲得滿足，就會分泌多巴胺。

事先設定好報酬，例如「待會看完書就追劇」、「如果考試及格就去旅行」，期待感可以促進多巴胺分泌，提升學習欲望。

2 「讚美」是學習的原動力

一百本書中，許多作者都認為**「讚美有助於提升能力」**。這是因為讚美可以促進多巴胺分泌。

「為各位介紹喜歡學習的祕訣，那就是做出成果，獲得讚揚。（略）**就算是自己討厭的事情，但只要①努力，②做出成果，③獲得讚揚，依循這三步驟就能讓辛勤努力變得快樂無比。」**（道山啟《親子一起學習　國中生學習大全》／主婦之友社）

「一九六〇年代，哈佛大學教育心理學家勞勃・羅森塔爾（Robert Rosenthal）**教授做了實驗證實，當老師跟學生說『你一定做得到』，學生的成績就會變好。此現象稱為『比馬龍效應』**（Pygmalion effect）。」（加藤紀子《寫給忙碌父母的育兒百事》／先覺）

◉比馬龍效應

……受到他人期待就能提升學習效果。

「稱讚」可以提升學力。重點在於**稱讚孩子的時候，方法一定要「正確」**。有些教育學者認為，胡亂稱讚孩子會造成反效果。

統整學習法名著介紹的「稱讚重點」如下：

「正確讚美法」的重點

- 即時很重要。對方一做完就稱讚，能讓他感到開心。
- 比起聚焦能力與結果，稱讚努力更有效。

  ×「你好聰明」

  ○「你很努力」
- 明確說出給予讚美的理由（稱讚時要結合「讚美之詞和理由」）

  ○「你今天做的題庫比昨天多四頁，好用功喔！」

  ○「這篇作文寫出了你的想法，寫得真好。」

「哥倫比亞大學的穆勒教授團隊，以某公立小學的學生為對象，針對『讚美方式』進行實驗。做過六次實驗之後，結果發現『若稱讚孩子天生的能力（＝聰明）**，孩子就會失去幹勁，成績變差』。」**（中室牧子《教育經濟學》／三采）

「不要稱讚孩子本身的特質，應該讚美孩子努力獲得的成就。」（卡蘿．杜維克《心態致勝》／天下文化）

一百本書中，也有作者建議「自己稱讚自己」。

舉例來說，在事情順利完成後，真心稱讚自己三次。肯定自己做的選擇和策略，以及稱讚自己的優點，自然能成為理想中的自己。簡單來說，**稱讚自己可以「提高自我肯定感**（認同自我本色的感覺）**」、「產生自信」，還能「提升幹勁」**。

3 累積小小的成功經驗

當我們解決問題，感到「真開心」、「太好了」這類喜悅之情，腦內就會分泌多巴胺。

相反的，當問題遲遲未解決，或目標一直沒達成，就無法讓人感到開心喜悅的情緒，也無法拿到獎賞，更不能分泌多巴胺，學習意願自然低落。

充滿痛苦的學習方法無法持續下去，唯有成績變好、解決之前無法解決的問題這類**「成功經驗」**，才能讓人產生學習幹勁。

專家認為累積小小的進步，實際感受「付諸行動就能成功」的經驗，有助於提升個人幹勁。

猪俣武範醫師也認為成功經驗有助於提升幹勁，其觀點是：

「注意到自己小小進步，例如今天做的比昨天多、考試成績進步多少分，可以讓人更想學習。」（《不斷達成目標的成功者最強學習法》／Discover 21）

法學專家山口真由則將成功經驗比喻成「儲蓄」。

「在我小的時候，考取好成績受到師長稱讚，能讓我感到十分開心。由於這個緣故，我會設立『多用功考取好成績』的目標，維持學習幹勁。而且每次達成目標就能多一筆『儲蓄』，這筆儲蓄的名目是『成功體驗』。」（《找對方法就能讀出高分！東大首席律師教你超高效率學習法》／台灣東販）

◆設定「不過於簡單也不過於困難」的學習難度，有助於持續學習

感受小小進步的重點在於「難度的設定」，在適合自己的難度中學習，就能累積成功的喜悅。

適合自己的難度指的是「不過於簡單也不過於困難的難度」、「努力就能做到的程度」，太簡單與太難的難度不容易產生成就感，無法提升幹勁。

- 難度過低➡沒有緊張感➡不容易產生成就感➡學習過程變得乏味
- 難度過高➡產生無力感➡不容易產生成就感➡學習過程變得乏味

設立「做得到的程度」、「努力就能完成的目標」，較容易引發學習欲望。.

No.5 從目標往回推算建立計畫

Point

1. 往回推算更清楚「何時要做什麼」
2. 設定最終目標與中間目標
3. 不勉強自己

第五名是從目標往回推算建立計畫。

許多學習高手闡述為了達成目標，建立行動計畫（哪個階段要做到什麼程度）的必要性。

「每天持續完成小小的行動是掌握成功的必要條件。必須事先做好規劃，了解自己『什麼時候該做什麼』，並且一步一腳印地執行達成目標的行動。」（海蒂．格蘭特．海佛森《成功人士一定會做的9件事情》／晨星）

「不只是日期明確的證照考試，無論學習任何事物，某種程度都要設定期限，事先確定想要達成的目標（例如何時要完成一份報告）**。若沒做到這一點，學習就沒有效率，通常不容易學到東西。」**（和田秀樹《大人的學習法》／PHP研究所）

也有人認為不建立行動計畫的學習效果，勝過建立行動計畫的情形。

「事先擬定行動計畫表，有助於充分發揮自己的腦力。（略）**寫下來可以讓我們專注行動，提升執行力，自然減少行動失敗、忘東忘西等問題。」**（築山節《健腦15招》／天下文化）

在芭芭拉・歐克莉與歐拉夫・修威合著的《超高效學習》（三采）中，介紹了幾項研究成果（摘要如下），並表示建立一個「在何時何地如何達成自己目標的計畫」，較容易達成目標。

・德國心理學家彼得・戈爾維策（Peter Gollwitzer）等人的研究

比起毫無計畫的學生，事先安排時間地點且做好學習計畫的學生，**學習時間多了百分之五十**。

・來自德國和英國的研究學者做的調查

針對事先安排時間地點且做好學習計畫的學生進行調查，結果發現**百分之九十一的學生達成目標**。

1 往回推算更清楚「何時要做什麼」

基本上，建立計畫時不能以現在為起點，累積現在的自己做得到的事，而是要從目標往回推算，思考整體計畫。

從目標往回推算，可釐清以下幾點：
「目標與現狀的差距。」
「怎麼做才能填補差距？」
「剩下的天數（念書花費的時間）**。」**
「到哪個時間點要做什麼事？」

如果不確定還剩多少時間，在這段時間內「該提升多少學力」、「該輸入（吸收）多少資訊」，就無法建立計畫。

「從目標往回推算，掌握現狀，就知道現在該做什麼。你可能維持現在的做法即可，也可能發現現在的做法無法達成目標。如果是後者，就必須改變做法。」（清水章弘《東大生偷偷在做的聰明學習法》／PHP研究所）

「設定稍微遠大的目標，找出實現目標與現狀之間的差距，思考如何弭平差距，這是邁向改革的捷徑。」（細谷功《鍛鍊你的地頭力》／時報出版）

從目標往回推算，建立計畫

①釐清目標

從過去的數據資料，找出及格分數，設定這次的目標分數。

↓

②掌握現狀

以試做題庫，舉行模擬考的方式了解自己的實力。

↓

③掌握目標與現狀之間的差距

了解目標分數和現在分數之間的差距，找出產生差距的原因。

↓

④思考「該做什麼」才能弭平差距

將唸教材講義、上學、做題庫等任務（作業）區分開來，釐清該做什麼事，花多少時間用功才能達成目標。

↓

⑤將「行動計畫」寫在日曆上

建立以年、月、週、一日為單位的行動計畫，安排各項任務（作業），還要事先空出休息日。

參考「目標與現狀差距」和「剩餘時間」決定做法

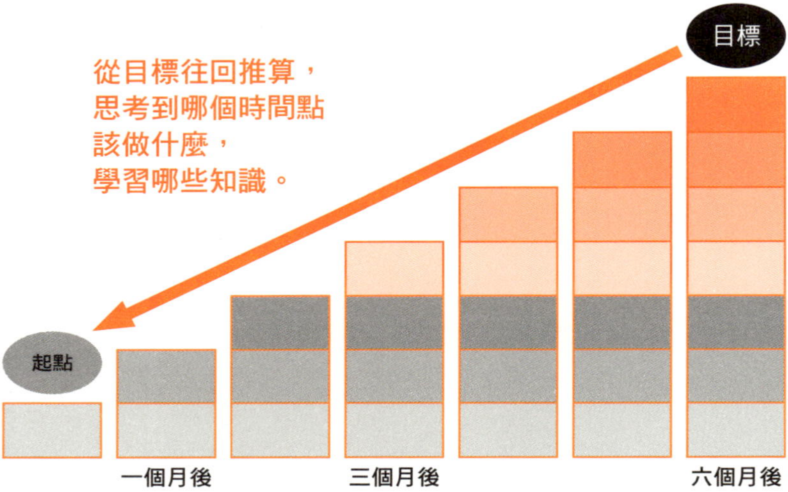

2 設定最終目標與中間目標

如果現在到完成目標的時間還很久，找不到邁向終點的路徑，就會讓人迷失方向，也很難堅持下去。

為了解決這個問題，在朝最終目標前進的途中，一定要設定幾個中間目標（小目標）。

研討會講師園善博以登山來比喻念書，認為「**了解自己會經歷哪些過程，較容易保持幹勁**」。

「想登上富士山頂，不能一口氣朝山頂進攻。要先到六合目、七合目、八合目等『半途』山屋小憩，確認登山路徑、時間、身體與天氣狀況，一邊修正計畫一邊往前進，才是務實的做法。」（《超速習法即戰力》／智富）

以回推方式建立計畫時，必須將一整年的行動計畫拆成以月、週和一日為單位的小任務。**將小任務的執行過程切得愈短愈容易完成，也愈容易掌握進度。**

◆以考上證照為目標回推的行動計畫

接下來以「考上證照」為最終目標，為各位說明如何回推建立計畫。

假設要達成最終目標必須做完（念完）「三本」題庫，現在距離考試日期還有「三個月」。換算下來，一本題庫要花一個月做完（念完）。

- **3個月÷3本題庫＝1個月1本**

假設一天的念書時間為兩小時，一個月就是「六十小時」。

- **2小時×30天＝60小時**（沒有休息日的計算結果）

再用題庫頁數除以「六十小時」，就知道「一小時應該做完幾頁題庫」。假設題庫有一百八十頁，代表「一小時做完三頁」。

- **180頁÷60小時＝3頁**

綜合上述內容，將目標細分化，累積小小的成就感，就能讓人更想完成下一個中間目標。

中間目標是達成最終目標的「跳板」

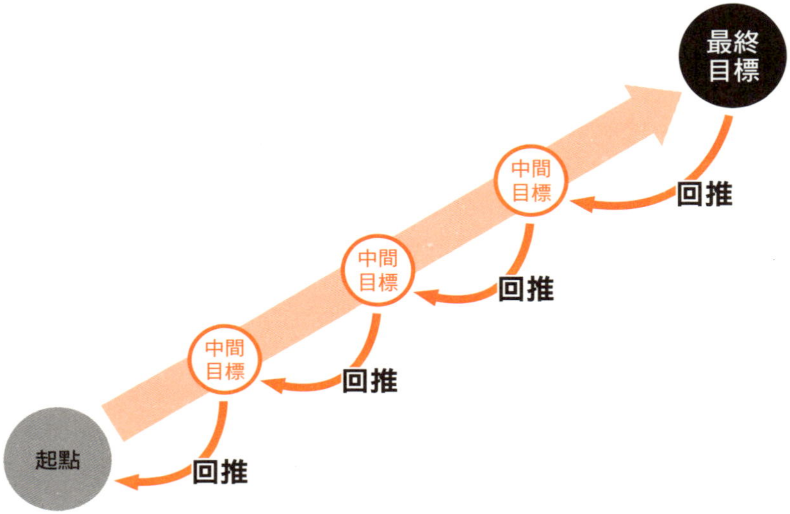

3 不勉強自己

設定行動計畫時，不可設定做不到的計畫，這一點很重要。

若設定過於遠大的目標，一旦做不到就會喪失自信。

「絕對不能建立做不到的計畫，若無法按照計畫順利進行，會讓你感到失望，無心再戰。計畫內容最好少一點，過多的任務很容易遭遇挫折，請務必注意這一點。」（小野田博一《十三歲起養成聰明頭腦的祕訣大全》／PHP研究所）

「先做幾題題目，了解以現有的實力，解一題須花多久時間。接著再評估做完一本題庫要幾天，或一天可做幾頁（幾題）**。」**（吉永賢一《東大醫科高材生的滿分學習法》／商周出版）

◆建立計畫的注意事項

- **以「計畫不可能百分百順利」為前提，建立計畫時要保留應變時間。**
- **不要擠入太多任務，事先空出應變日才能視現況調整。**
- **依照優先順序安排行程表。**
- **一邊執行一邊確認是否依照計畫進行，若不順利則要找出原因，重設計畫。**
- **目標太高**（或太低）**時，請調整計畫。**

關於目標設定（截止日的設定方法）的重要性，請參考第十七名「設定時限可提高集中力與記憶力」。

No.6 善用零碎時間

Point

1. 事先決定「零碎時間要做什麼」
2. 事先決定「零碎時間不做什麼」

第六名是善用零碎時間。

善用零碎時間指的是等待空檔或坐車時間，通常是「兩個行程之間的短暫空檔」。

一百本書中，有二十九本書建議讀者「善用零碎時間」。平時忙著經營事業、做家事或育兒的人，**若想擠出空檔學習，一定要善用零碎時間。**

擠不出一段完整時間的人，一定有零碎時間。**無須擠出一段較長的時間，只要善用許多空檔，再忙的人都有時間學習。**

如何才能有效運用有限的時間？俗話說「積沙成塔」，即使只有短暫空檔，每天持續學習就能結出甜美果實。

不是坐在書桌前或有一段完整的時間才能讀書。不坐在書桌前也沒關係，只有幾分鐘也可以，你絕對能完成一定程度的任務。

「若認為每次讀書至少要一小時，會有什麼結果？當你遇到忙碌的日子，擠不出一小時空檔就會放棄讀書，告訴自己『今天沒時間，明天再學習』。」（宇都出雅巳《超快速學習法》／晨星）

「出席重要會議如果遲到，後果可能無法收拾，因此通常會提早到現場等待。這個時候，不妨坐在約定地點的長椅或咖啡廳，在開會前利用等待空檔讀書學習。」（鎌田浩毅《這樣學習，一生受用》／究竟）

腦科學家茂木健一郎認為**「沒有一段完整時間就無法集中精神的想法是幻想」**，他也建議如此善用零碎時間：

「現代社會網路和智慧型手機普及，使得日常生活的時間切割得相當零碎。（略）鍛鍊自己的大腦利用零碎時間學習，較適合現代社會的生活型態。」（茂木健一郎《大腦活用學習法》／PHP研究所）

有些專家如宇都出雅巳、棚田健大郎，則提出「順便學習」的概念。

利用平時只做一件事的時間，像是泡澡、吃午餐、整理儀容、走路到車站等，在做這些事情時順便學習，增加讀書時間。

「大多數人都認為念書就是要在書桌前，而且感嘆沒時間讀書學習。（略）將日常時間拿來念書才是關鍵。」（棚田健大郎《制霸考場！一張紙最強記憶學習法》／財經傳訊）

1 事先決定「零碎時間要做什麼」

事先了解自己有多少零碎時間，並決定零碎時間該做什麼，是善用零碎時間的重要關鍵。

池上彰在其與佐藤優合著的《我們每天實踐的最強閱讀法》（東洋經濟新聞社）中表示：**「想像明天一整天的行程計畫，確認是否有空檔學習。例如『某個行程有十分鐘空檔可以看書，決定帶一本書在身上』，或『某個行程有二十分鐘空檔，可以找一間咖啡廳看書』，利用這個方式改變自己的閱讀時間。」**

統整學習法暢銷書提及的「善用零碎時間重點」如下：

◆善用零碎時間的三大重點

（1）事先設定目標

事先設定目標，例如「一整天就讀這本書」、「明天利用零碎時間背二十個英文單字」、「抵達車站後先看三個英文單字，走到學校的路上再牢牢記住」等。

（2）列出「能做的事」

事先想好零碎時間能做的事，而且要依照時間長短規劃，例如「如果有五分鐘就做A，如果有十分鐘就做B，如果有三十分鐘就做C」等。

零碎時間能做的事範例

- 聽有聲書（朗讀書籍內容錄製成的音檔）。
- 聽英文。

  ……坐車時很適合「聽覺學習」。
- 背英文單字。
- 打開手機的「題庫APP」解題。
- 搭電車前先看「問題」，在搭車期間思考答案。
- 收集資料（從新聞收集資料等）。
- 調整學習行程表（行動計畫）。
- 上YouTube看教育類影片。

（3）準備必要物品（事先放入包包裡）

隨身攜帶學習工具，例如參考書、題庫、資料、書籍、電子書閱讀器、平板、智慧型手機、英文單字本等。

「事先準備好適合在零碎時間學習的工具，才能有效運用時間。個人習慣在iPhone下載有聲書，可在零碎時間聆聽學習。」（本田直之《槓桿學習全攻略：時間最少成效最大的終極學習術》／高寶）

「隨身攜帶體積較小的教材或單字本，想學習的時候可以輕鬆學習，各位不妨試試。」（鈴木光《實現夢想的學習法》／KADOKAWA）

一百本書的作者中，有些人特別注重通車時間的運用。記者池上彰經常出差，據說他西至廣島、北至仙台、盛岡，都是搭新幹線而不是搭飛機。原因是搭新幹線才有時間讀書。

「我現在從東京到廣島都坐新幹線，單程五小時，有很多時間讀書。如果是單日來回大阪出差，我一定會準備三本書。不只是去程讀一本，回程讀一本，還預防不時之需，若是新幹線中途因故停駛，還有另一本可以讀。」（池上彰《我們為什麼要學習？》／SB Creative）

2 事先決定「零碎時間不做什麼」

決定「做什麼事」的同時，也要決定「不做什麼事」，這是有效運用零碎時間的重要關鍵。另一方面，上社群網站、瀏覽網頁、玩手機遊戲則是善用零碎時間的大敵。

「忙到沒時間學習」、「要做的事太多，忙不過來」——一個人會陷入這樣的情境，通常是因為「做了許多無關緊要的事情」。

許多學習專家指出，當一個人感嘆自己沒時間，大多是因為將時間拿去做學習以外的事，或成天無所事事，毫無目的地過日子。

從另一個角度來說，「增加學習時間」就是「減少學習以外的時間」。如果你決定「利用零碎時間念書」，只要減少花費在「不緊急不重要」、「與學習無關」、「不需要輸入」、「無助於提升成績」等事情上的時間，就能增加學習時間。

「不浪費時間」、「決定不做哪些事」是時間管理的基本原則。

「請以分鐘為單位，記錄自己一整天的行動。如此一來，你一定會發現自己花了許多時間用手機回訊息、上網，或是喝酒、抽菸。（略）**將做這些事情累積起來的時間全部拿來讀書，並且持續下去，就有時間學習。」**（萩原京二、近藤哲生《考上就靠心智圖》／智富）

「一有機會就問自己，這是否屬於不必要的事情？」（馬可斯・奧理略《沉思錄》／遠流）

No.7 打造「容易集中精神的空間」

Point

1 避免「分心的狀況」
2 如果一定要聽，請選擇「純音樂」
3 偶爾選擇「與平時不同的地方」

第七名是打造容易集中精神的空間。

許多精通學習法的作者都說：**「換個環境可以改變專注力。」**

「四周都是惱人噪音」、「夏天太熱冬天太冷」、「書桌和椅子的高度不合」、「書桌凌亂不堪」、「手機和電玩就在伸手可及處」……這樣的環境無法集中精神學習。

環境會影響人的專注力，研究已經證實以下幾點：

「人類的大腦喜歡井然有序，待在凌亂的環境，專注力容易下降。」

「凌亂空間給人的壓力和不安感較大。」

「將凌亂的環境整理好，就能改善專注力和資訊處理能力。」

「環境整理好，大腦才會開始集中精神。」

1 避免「分心的狀況」

想要打造容易專注的環境，「遠離使人分心的事物」、「盡可能減少會阻礙專注力的東西」是重要關鍵。

◆阻礙專注力的事物

- **噪音**（電視聲、周圍的說話聲、施工的聲音、汽車行駛的聲音等）
- **智慧型手機**
- **漫畫、雜誌**
- **遊戲機**
- **點心零食**
- **與現在學習領域無關的參考書、題庫**

話說回來，怎麼做才能打造「容易集中精神的環境」？

統整學習法名著撰寫的「環境打造」重點，共有以下七點：

◆打造專注環境的七大重點

（1）視線之內不能擺放「具有誘惑性的東西」（電玩遊戲、智慧型手機、漫畫等）

如果放眼所及都是容易阻礙學習的事物，例如與個人興趣、娛樂有關的用品，就很容易使人分心。

「若想專心學習，請在學習期間將手機放在看不見的地方，還要關掉通知功能。」（葉一《在家學習強化書》／FOREST出版）

（2）遠離雜音與噪音

實驗證實營造安靜的狀態，有助於學習等增加知識的行為。

「你念書的時候聽得見電視的聲音嗎？如果聽得見，可以請家人戴上耳機看電視。即使只有一點雜音也會降低專注力，務必請家人幫忙維持安靜的環境。如果弟弟妹妹年紀還小，全家人一起看電視或打電動，那就請你戴上耳塞。」（道山啟《親子一起學習　國中生學習大全》／主婦之友社）

（3）身邊只放與學習領域有關的參考書

假設你在學英文，身邊放著數學參考書，你一看到它就會想「我也要念數學才行」，反而讓你分心。

書桌上只能放你現在需要的參考書，其他不相關的參考書，請先收在書櫃裡。

（4）書桌和椅子高度要配合自己的身高

書桌和椅子一定要選適合的尺寸，這一點很重要。書桌和椅子高度適合自己，長時間坐著不容易疲累，也容易維持專注力。

若桌椅太高或太低，容易產生各種負面影響，例如肩頸痠痛、腰痛、眼睛疲勞、注意力低下等。

基本上，書桌和椅子高度應使身體重要部位呈現九十度。椅子坐至最深，雙手放在書桌上，調整椅子高度，使手肘、腰部和膝蓋呈現九十度（請參照圖示）。

此外，書桌桌面的尺寸也會影響學習成效。

建議選擇尺寸夠大，放得下書籍、筆記本等必要學習工具的桌面。

調整書桌和椅子高度，打造「90°」調整

（5）保持最佳室溫

房間太熱或太冷都會降低讀書效率和專注力。

根據日本文部科學省在二〇二二年（令和四年）四月一日施行的《學校環境衛生基準》，教室環境的室溫「**最好維持在攝氏十八度到二十八度之間**」。

每個人受到年齡、體質影響，對於溫度的感受度都不同。不妨以「攝氏十八度到二十八度之間」為基準，調整出自己覺得最舒適的室內溫度。

（6）使用自己喜歡的香氣

香氣也會影響注意力。腦科學家中野信子曾說：**「我工作時會擦喜歡的香水。」**

「有人認為柑橘類香氣對念書和工作很有效，若想利用香氣集中精神，最好選擇自己最喜歡的氣味。」（《將全世界「聰明的人」做的事情整理成冊》／ascom）

身兼翻譯家與評論家的宮崎伸治認為，芳香療法（aroma therapy）是讓人輕鬆切換至學習模式的方法之一。

芳香療法指的是利用從植物萃取的香氣成分製成的芳香精油，促進身體健康的自然療法。

芳香精油具有提升專注力、放鬆身心等功效。

「將自己喜歡的香氛精油滴在面紙或手帕上，以這個方式嗅聞香氣是最輕鬆的方法。但我在家念書時，會用噴霧擴香器讓室內充滿香氣。」（《大人的學習法》／楓書坊）

香氛精油的種類與效果

- 提升注意力……尤加利、茶樹、黑胡椒、薄荷、檸檬
- 失眠……柳橙、沉香醇百里香、橙花、薰衣草、果香菊
- 不安、沮喪……茉莉、香檸檬、柑橘、墨角蘭、迷迭香
- 焦慮……檀香、魯沙香茅、苦橙葉、乳香、檸檬草

（7）定期整理書桌和房間

腦神經外科專業醫生築山節認為：「**整理物品和整理思緒是同樣的機制，愈忙的時候愈要整理。**」

「**第一步先整理工作，訂定優先順序，是充分發揮腦力的重點。整理書桌和包包有時可以幫助我們釐清，該集中心力處理哪項工作？**」（《健腦15招》／天下文化）

一百本書中，有些作者認為「整理書桌和房間，或是打掃家裡，就能想起應該學習卻忘記的事物」、「整理的時間是發現問題的時間，並非無謂的浪費」。

2 如果一定要聽，請選擇「純音樂」

「可以一邊聽音樂一邊讀書嗎？」

許多學習專家面對這個問題，他們的回答都是：**「最好不要。」**

專家們反對「學習期間聽音樂」的原因如下：

「原本專注在學習上的大腦，會受到音樂影響而分心。」

「英國格拉斯哥加里東大學（Glasgow Caledonian University）的實驗結果已經證實，背景音樂會降低大腦功能。」

「一邊念書一邊聽音樂會使部分大腦忙著聽旋律，無法充分發揮專注力。」

「音樂會降低學習速度，對於數學的影響最顯著。」

「一旦習慣聽音樂念書，沒有音樂時就無法集中精神學習。」

然而，有些人在安靜狀態下無法專注，因此並非「絕對不行」。

因此也有專家認為雖然不建議讀書時聽音樂，但如果一定要聽，必須特別注意。

本書將一百本名著提及的「讀書時聽音樂的注意事項」統整如下：

◆讀書時聽音樂的注意事項

・選擇沒有歌詞的音樂

播放有歌詞的歌曲時，腦中會同時出現歌詞（透過聽覺吸收的詞彙）與學習（透過視覺吸收的詞彙）兩大資訊，導致大腦處理資訊的負擔變重。

「尤其是聽得懂歌詞的曲子，我們的大腦會被歌詞吸引，無法集中注意力。如果要聽音樂，不妨選擇外國歌曲或非洲民謠這類聽不懂意思的歌曲。話說回來，不聽音樂較容易集中精神。」（石井貴士《嚴禁學習法》／KIZUNA出版）

「聽有歌詞的音樂會分散注意力。（略）**工作時的背景音樂，建議選擇只用樂器演奏的純音樂。」**（鈴木祐《最高專注力》／三采）

・在進入學習前的十到十五分鐘和休息時間聽音樂

在開始學習前聽自己喜歡的歌曲，可產生正面的情緒，讓人湧現幹勁。

重複**「學習前聽音樂→湧現幹勁→學習→休息時間聽音樂」**的過程，善用音樂提升學習效果。

・只在複習（學習簡單內容）時聽音樂

比起第一次學習，複習需要的專注度較低，可用較輕鬆的態度面對。

3 偶爾選擇「與平時不同的地方」

改變學習場所有助於轉換心情，提升專注力。

建議各位擁有幾處「自己能集中精神的地方」，依實際狀況變換使用。**只要換個環境，有些遲遲解不開的問題也能迎刃而解**。

精神科醫生樺澤紫苑在《最高學習法》（春天）中提議：「**家裡、咖啡店、圖書館等，多找幾個自己能夠專心的場所。**」這是因為你在不同地點之間移動的期間，還可以順便學習，提升學習效率。

除了自己家裡和辦公室之外，還要找到幾個自己可以集中精神的地方

若沒有時間離開家裡，前往其他場所，不妨在家換不同地方學習（例如在自己房間背誦、在客廳工作等），這麼做也能維持專注力。

選擇環境、打造學習場所一定要先了解**「自己能在什麼環境集中精神」**？

每個人的喜好不同，加上每天狀況不一樣，可以集中精神的環境也會隨時改變。

有些人必須在安靜無聲的狀態下才能集中精神，有些人必須有適度雜音或播放背景音樂才能提升專注力。

不僅如此，有人要在自己房間才能專心，有人則是要眾人環繞（周圍有人的環境）才能提升注意力。

「話說回來，你在什麼樣的環境下才能集中精神？一個人的環境比較好，還是待在公共場所比較好？你喜歡待在一個地方，還是變換不同場所？請各位務必思考可讓自己集中精神的環境是什麼樣子？」（池田潤《在家唸書就能考上的高效自習法》／采實文化）

No. 8 不要熬夜，好好睡覺

Point

1. 不要熬夜
2. 理想的睡眠時間為七到八小時
3. 學會失眠的因應方法
4. 小憩有助於提升學習效率

許多人為了擠出更多時間念書，通常會想犧牲睡眠時間。眼看快來不及準備考試，於是決定熬夜用功，相信許多人都有這樣的經驗。

然而，許多學習專家皆提及「睡眠會影響大腦表現」、「不可為了唸書犧牲睡眠時間」、「晚上要好好睡覺」，闡述充足睡眠的重要性。

為什麼充足睡眠對學習如此重要？

因為睡眠有以下好處：

◆睡眠的主要好處

- **鞏固記憶。**
- **整理記憶。**
- **加深對於事物的理解。**

- **讓身體休息。**
- **發揮療癒效果。**

大腦會在我們睡覺期間整理並穩固清醒期間產生的記憶。明明很想睡卻硬撐著唸書，會使大腦無法整理思緒，降低大腦表現。

想睡就睡才能提升學習效率。

1 不要熬夜

接著先來了解睡眠機制。

睡眠分成「快速動眼期」和「非快速動眼期」。

◉快速動眼期

……身體休息，大腦活躍，屬於淺眠狀態。

◉非快速動眼期

……身體與大腦皆休息，屬於深眠狀態。

※快速動眼（REM）……原文是rapid eye movement。當人處於快速動眼期，眼球會迅速轉動。

根據專家說法，快速動眼期和非快速動眼期每九十分鐘輪流一次，若能在淺眠的快速動眼期清醒，就會感到神清氣爽。

人在睡眠期間無法接收新訊息。

處於快速動眼期時，大腦會靈活運作，整理白天生成的記憶，將暫時記憶轉成永久記憶，加深對於事物的理解。

這就是學習專家不建議熬夜念書的原因。

若是遇到緊急狀況，例如「明天之前一定要完成報告」、「來不及準備明天的簡報」，不熬夜也不行（即使如此，還是要維持最低限度的睡眠）。話說回來，想要提升學習效率，充足睡眠是必備條件。

・**晚上**

腦中充滿尚未整理的記憶。

⬇

・**睡眠期間**

睡眠期間是大腦整理和穩固記憶的時間。由於這段期間大腦不會接收新訊息，可將睡前吸收的新知識轉換成最新資訊儲存下來。

⬇

・**早上**

大腦清空舊資訊，神清氣爽。

睡眠期間整理資訊和想法，將短期記憶轉換成長期記憶，這是大腦的特性之一。有些學習專家鼓勵大家善用此特性，充分發揮大腦功能。

腦神經外科專業醫生築山節表示：

「睡眠期間（略）**是自動整理想法的時間。舉例來說，睡前先看隔天要用的資料，大致思考問題後，第二天睡醒時就會發現思緒通暢，已經知道自己要說什麼。」**（《健腦15招》／天下文化）

腦科學家茂木健一郎認為「**由於記憶已經在睡眠期間整理完成，大腦內部完全清空，早上醒來後是大腦最能發揮作用的時段。總而言之，早上是『大腦的黃金時段』。」**（《大腦活用學習法》／PHP研究所）他還表示自己的工作也是「**在起床後的三小時全力完成**」。

2 理想的睡眠時間為七到八小時

睡眠時間不能太長，也不能太短。既然如此，**一天要睡多少時間才能確實提升學習效率？**我們從有提出睡眠時間標準的名著中，介紹部分內容如下：

- 《健腦15招》（築山節）……至少六小時，理想為七個半小時。
- 《十三歲起養成聰明頭腦的祕訣大全》（小野田博一）……八小時
- 《超高效學習》（芭芭拉・歐克莉、歐拉夫・修威）……八小時
- 《考上就靠心智圖》（萩原京二、近藤哲生）……六小時以上
- 《實現夢想的學習法》（鈴木光）……七到八小時
- 《東大最強頭腦傳授　鍛鍊大腦的五大習慣》（水上颯）……七到八小時

仔細調查提及睡眠時間的學習法暢銷書，可以得知**一般人最理想的睡眠時間為七到八小時**。

至於小孩子最佳的睡眠時間，《寫給忙碌父母的育兒百事》（加藤紀子）則提出三到五歲幼童每天要睡十到十三小時，六到十三歲的小孩每天要睡九到十一小時。

另一方面，也有不少專家認為，每個人適合的睡眠時間不同，無法一概而論。

話說回來，怎麼做才能找出最適合自己的睡眠時間呢？律師佐藤大和的著作提供了一些建議。

「觀察自己不設鬧鐘入睡，睡到自然醒需要幾個小時，多觀察幾次就知道自己需要睡幾個小時。接著以此時間為基準，每天盡可能維持充足睡眠。」（《狡猾的讀書法》／究竟）

綜合上述內容，標準的睡眠時間約為七到八小時，但如果你覺得這樣還是睡不飽，不妨嘗試佐藤律師的方法，找出適合自己的理想睡眠時間。

此外，就算知道適合自己的理想睡眠時間，遇到考試或上台簡報的前一天，還是會因為緊張、興奮的情緒而睡不著。

若隔天有重要事情要處理，請先做好準備，早點入睡。

「除了必要的睡眠時間之外，我會提前一小時準備入眠，讓自己感到從容。」（水上颯《東大最強頭腦傳授　鍛鍊大腦的五大習慣》／三笠書房）

3 學會失眠的因應方法

睡眠對學習效果很重要，這一點無庸置疑。然而，即使心裡明白這一點，有些人還是會躺在床上翻來覆去，或是才剛入睡很快就醒了。

怎麼做才能享受優質睡眠呢？

以下統整學習專家親自實踐的祕法，包括睡前「要做的事」以及「不做的事」。

○睡前「要做的事」

- 每天睡前做同一件事。
- 睡前聽祥和沉靜的音樂。
- 睡前照顧寵物或植物。
- 睡覺時關燈，維持昏暗的房間。
- 睡覺時將手機放在別的房間。
- 睡覺時戴耳塞，阻絕噪音。
- 睡前三小時吃完晚餐。
- 白天適度地曬太陽（促進分泌有助於睡眠的「褪黑激素」）。
- 睡前一小時關閉電子儀器。
- 睡前九十分鐘洗澡。
- 躺在床上也睡不著的時候，請刻意放鬆身體（肩膀、手腳、頸部等）力氣。

×睡前「不做的事」

- 觀賞刺激影片，聽音樂。
- 從事激烈運動。
- 傍晚以後攝取咖啡因。
- 睡前玩電動。

4 小憩有助於提升學習效率

關於睡眠，有些學習專家指出，除了長時間睡眠之外，午睡（包含小憩）也有助於提升工作能力、增強認知能力。

「根據美國太空總署（NASA）的研究，午覺睡二十六分鐘，飛行員的能力可提升超過百分之三十四。其他研究也證實，午覺睡四十五分鐘，同樣可提高認知能力，效果甚至可持續超過六小時。」
（John Medina《大腦當家》／遠流）

◆午睡的好處

- **讓大腦休息。**
- **切換思緒。**
- **提升專注力。**

午睡和小憩以多少時間最適宜？

學習法暢銷書提及的標準不一，包括「十分鐘」、「十五分鐘」、「二十分鐘以內」、「三十分鐘」等，大多是**「三十分鐘以內」**。

另一方面，如果是小孩，午睡時間應長一點，以「三十分鐘到一小時」為宜。

午睡時請注意以下事項：

・醒來後立刻學習。

・晚上也要好好睡覺。

此外，午睡千萬不能睡太久。若不小心睡了幾個小時，就無法按照計畫讀書，晚上也可能睡不著。

午睡時應注意以下四大重點：

◆午睡的四大重點

（1）不要躺在床上（避免睡太久）。

（2）利用計時器或鬧鐘。

（3）睡前攝取咖啡因（咖啡因的效果通常在攝取後三十分鐘到一小時出現）。

（4）利用耳塞和眼罩遮蔽聲音與光線。

誠如本節所述，每個人需要的睡眠時間不同。

各位不妨多加嘗試，找出適合自己的午睡和小憩時間與方法。

Column

「艾賓浩斯遺忘曲線」教我們的事情

德國心理學家赫爾曼・艾賓浩斯是第一位進行記憶實驗研究的學者。

艾賓浩斯的實驗對於後世的「記憶研究」有深遠影響。

艾賓浩斯的實驗

- 受試者（即艾賓浩斯本人）記住兩千三百個由沒有意義的三個字母組成的單字（LAH、ROR、TAZ、REN等，由子音、母音、子音組成的音節）。

⬇

- 過了一段時間之後，再次記住同樣的單字。計算再次記憶先前記住的內容需要多少時間。
  測量第一次與第二次記憶的時間。

艾賓浩斯主張的遺忘曲線顯示時間的經過與長期記憶之間的關係。

常有人引用遺忘曲線佐證「人很快就會忘記自己記住的事情」（一百本暢銷書中，也有一些書引用遺忘曲線），例如「記住某件事二十分鐘後遺忘百分之四十二、一小時後遺忘百分之五十六、一天後遺忘百分之六十六、一週後遺忘百分之七十七、一個月後遺忘百分之七十九，由於這個緣故，反覆記憶很重要」。

然而，這條曲線代表的並非「記憶會隨著時間流失多少」，而是重新記憶已經記住的事情需要花費多少時間的「時間節約率」。

節約率指的是「再次學習可以省下多少時間的比率」、「重新記住一件事花費時間的比率」，節約率愈高，重新學習舊事物的勞力就會變少。

◆艾賓浩斯的實驗結果

- **20分鐘後 … 節約率58%**
- **1小時後…… 節約率44%**
- **1天後……… 節約率34%**
- **1週後……… 節約率23%**
- **1個月後…… 節約率21%**

艾賓浩斯遺忘曲線

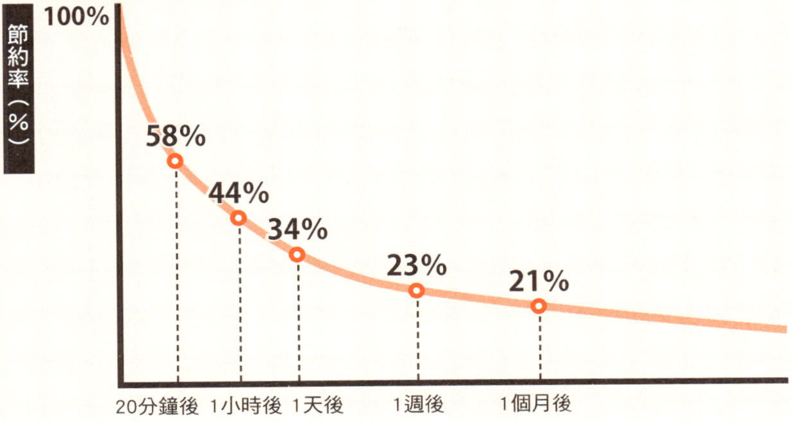

假設第一次學習花費「十分鐘」，二十分鐘後重新記憶需要「四點二分鐘」（節約率百分之五十八）、一個月後重新記憶需要「七點九分鐘」（節約率百分之二十一）。

從艾賓浩斯的實驗結果得到以下結論：

「若能在很快的時間內重新記憶，只要少許時間即可完成。」

「記住一件事之後如果隔了很久才重新記憶，需要花很多時間才能完成。」

「複習次數愈多，節約率愈高。」

由於艾賓浩斯的實驗是一百四十年前做的古典實驗，許多人質疑其精準度（受試者只有艾賓浩斯一人、記住無意義的單字等）。

不過，這項實驗首次從科學角度定義記憶，就這一點而言，各界都認為這是十分重要的實驗。

Part.2

一百本書推薦提升效率的「十二個重點」

排行榜第9～20名

No. 9 寫筆記時要注意「活用性」

Point

1 抄寫黑板上的文字時「要一邊思考」
2 將教科書和參考書寫成「筆記」
3 讀完後再寫「讀書筆記」

寫筆記是學習時最不容易掌握的部分。

雖說是「筆記」，但筆記目的各有不同。針對一百本學習法暢銷書介紹的「筆記」進行分類，主要可分成三類：上課筆記、學習筆記、讀書筆記。本書對於這三類的定義如下：

◉上課筆記
……抄寫老師講課時寫在黑板上的文字，或記錄老師上課時說的重點。

◉學習筆記
……統整教科書、參考書、題庫等重點的筆記。「重點整理筆記」也包括在這個分類裡。

◉讀書筆記
……統整書籍重點與感想的筆記。

無論哪一種筆記都有一個共通點，那就是筆記的目的不是謄寫，而是**「日後活用」**。

不同種類的筆記，書寫重點都不一樣，一起來看看吧！

1 抄寫黑板上的文字時「要一邊思考」

「上課筆記」是上課時做的筆記。許多學習專家對於集中心力「抄寫黑板上的文字」、「做筆記」抱持質疑。

◆「上課時專心做筆記」的缺點

- 容易流於單純的抄寫工作。
- 大腦無法吸收上課內容。
- 無法記住老師教的知識。

話說回來，上課時應該如何面對筆記？兩大重點如下：

（1）上課時刻意不做筆記，專心聽課

上課時刻意不做筆記，專心聽課，了解老師說的話也是很好的因應方法。

東京大學醫學部出身的小野田博一表示：「**上課時做筆記會阻礙我們理解和記憶，千萬不能這麼做。建議各位不做筆記，專心理解上課內容。**」（《十三歲起養成聰明頭腦的祕訣大全》／PHP研究所）就算忘了上課內容，也能翻閱參考書，因此「**看參考書即可**」。

（2）製作日後可活用的筆記

若上課時做筆記，不要專心抄寫黑板上的文字，而是**一邊思考重點，製作出之後「一看就懂」、「想重複學習」、「可以活用」的筆記。**

有鑑於此，做筆記時要注意以下事項：

・多留一些空白處，方便之後寫下自己的發現。

・善用箭頭（→）和符號（＋、＝、×、○、#）迅速筆記。

・用橘色的筆寫下重點（之後再用紅色貼紙遮住）。

「讓人想重複翻閱的筆記」範例

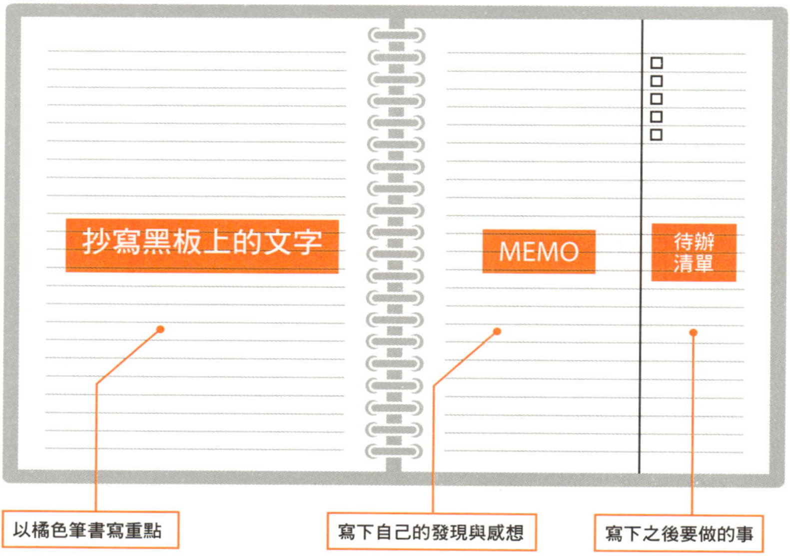

※參考《藉由『陽炎眩亂』了解國中生學習法多有趣的書》製作而成

有些專家認為抄寫黑板上的文字，對小學生來說很重要。

國立情報學研究所教授兼社會共有知研究中心長新井紀子表示：「**小學時期**（略）**最好學會控制自己的情緒和力道，專心抄寫筆記。**」（《教育出不輸給AI的孩子》／東洋經濟新報社）接著又說：「**包括正確且迅速地將黑板上的文字抄寫在筆記本上，以及按部就班地做實驗，詳實記錄實驗結果。**」

2 將教科書和參考書寫成「筆記」

不少人會將教科書、參考書和上課內容統整在同一本筆記本中，稱為學習筆記（整理筆記）。

不過，有多位學習專家認為「沒必要做學習筆記」。

原因在於浪費時間。**將已經統整在教科書和參考書的內容重新謄抄，可說是多此一舉。**

想要節省時間，提升學習效率，學習專家認為解方不在於做筆記，而是當你利用參考書、教科書、題庫、題庫解說集、六法全書等**教材或問題集等資料學習時，請直接在書本寫下自己的想法即可**。

◆將想法直接寫在書上的意外好處

將資訊（＝學習內容）統整在一本書中，呈現完整論點。

如此一來，就能省下一會兒看教科書，一會兒看參考書，一會兒還要看筆記本等，翻閱不同資料的時間。此外，還能省下謄寫教科書與參考書內容的心力。

節省下來的時間可以用來「記憶」和「回想」。

此外，將資料統整在一起，方便靈活運用。

律師白川敬裕在《真正的學習法》（鑽石社）中表示：

「將必要資訊統整在一起，就是將所有想法寫在教科書和參考書的空白處。無論是新意見、新發現或應該記住的重點，全都在教科書（參考書）畫線標記，或直接寫在書中。如此一來，所有必要資訊都會集中在同一本書中，幫助我們同時吸收知識。」

3 讀完後再寫「讀書筆記」

當我們為了提升教養或學習新知讀書，盡可能避免一邊做筆記、謄寫重點，一邊閱讀。若真的想畫重點，請看完書後再做。

記者立花隆在《我們的頭腦鍛鍊法》（立花隆、佐藤優／文藝春秋）中陳述：**「不要一邊讀書一邊做筆記，如果真的想做筆記，讀完書後再為了做筆記重讀一遍，可以省下許多時間。」**

為什麼不要一邊讀書，一邊做筆記畫重點？記者轡田隆史在《建立「思考力」的書》（三笠書店）中認為讀書的節奏很重要，**「邊讀書邊做筆記會破壞節奏」**。

為了避免破壞節奏，轡田讀書時如果遇到想做筆記的內容，會摺起書頁的一端，之後再翻閱記錄。

「做筆記」的四大工夫

①上課時不做筆記，專心聽課，理解老師說的話。

②若想在上課時做筆記，一定要先釐清「哪些內容是重點」。而且應注重之後「一看就懂」、「想重複學習」、「可以活用」等方便性。

③將重點寫在目前使用的教材和題庫上。

④不要一邊做筆記畫重點，一邊讀書。

No.10 學習的基本是「向他人學習」

Point

1 「大家一起學習」較容易維持幹勁

2 聽「成功者」怎麼說

第十名是學習的基本是「向他人學習」。

不少學習法名著提及「向他人學習」的重要性，例如「學生在學校、補習班、研討會和系所向老師學習」、「向朋友和前輩學習」、「向成功人士學習」。

「向別人學習」的內容大致分成以下兩種：

- **學習內容、自己想知道的事情。**
- **學習的方法**（學習技巧）**。**

向別人學習有以下好處：

- **加快成長速度。**
- **有效學習。**
- **讓別人客觀看待自己做不到的地方。**

1 「大家一起學習」較容易維持幹勁

經濟評論家勝間和代在《年收入增加十倍的學習法》（晨星）中如此表示：

「**坊間有各種學習法，其中最有效率且最容易維持幹勁的方法，就是聚集具有相同技能的學生，讓他們彼此切磋琢磨、相互學習，稱為社群共學。這一點已經有各種分析和實驗證實。**」

她也認為學校的優點是提供社群共學的場域。

◉社群共學

……抱持相同目的的夥伴互相勉勵，持續學習的方法。

實業家博之（西村博之）認為：「**最短的捷徑是請別人教導，並且仿效即可。從這一點來看，只要有錢，與其自學參加考試，不如上補習班或安親班學習，可以提升時間效率。**」（《無敵的獨學術》／寶島社）

上學的好處主要有以下八點：

◆上學的八大好處

（1）學習效率好。

（2）可以和夥伴一起切磋琢磨。

（3）可從同學身上學習。

（4）可維持學習幹勁。

（5）培養基礎學力。

（6）獲得值得信賴的資訊。

（7）學習體系完整的知識。

（8）可用「還要上學」的名義拒絕加班（上班族為了考取證照進修學習的情形）。

話說回來，由於個性關係，有些人適合在家裡自學，法學專家山口真由就是其中之一。她在《找對方法就能讀出高分！東大首席律師教你超高效率學習法》（台灣東販）做出以下表示：

「當同學們都上補習班，只有我在家念書。老實說，我不習慣在有其他人的環境中學習，會讓我無法專心。」

此外，她也擔心若在補習班接觸教科書沒有的內容，**「反而會感到混淆，不知如何是好。」**

也有人在家裡自學。重點在於選擇適合自己的學習方式（關於適合自己的學習法，請參閱第十五名解說內容）。儘管私塾、補習班與學校體系各有各的好處，但如果不適合自己，也沒必要勉強。

2 聽「成功者」怎麼說

如果自己的目標很明確，許多學習專家建議可以聽聽「成功者」怎麼說。那些比自己先考上的人，或是成功實現目標的人，都知道「怎麼做才能實現夢想」。

效法考取者的學習法，使用他們用的參考書，考取相同分數，就能提升考取機率。請教成功者「實現目標的捷徑」並如實效法，就能事半功倍地抵達終點。

若身邊沒有人可以請教，**不妨參考「成功人士的個人經驗談（自傳）」**。

猪俣武範醫師曾說：**「自從我立定志向，決定到哈佛大學留學、報名美國MBA課程，我就努力尋找有實際經驗的成功人士自傳或部落格，研究他們如何達成目標，從中擷取自己可以『效法』的部分。」**（《不斷達成目標的成功者最強學習法》／Discover 21）

閱讀「成功人士的個人經驗談」時，請注意以下兩點：

（1）盡可能多讀幾本相關書籍

學習專家建議「多找幾個資訊來源」、「盡可能多讀多看」，收集成功考取的必要資訊。

（2）不要囫圇吞棗

有些參考書對某人來說是成功考取不可或缺的功臣，但不一定適合自己。各位務必找出哪些參考書、題庫或學習法適合自己，收集到的資訊一定要適度取捨，只效法自己做得到的部分。

◆如何取得成功人士的個人經驗談？

・部落格／X（前身為推特）／書籍等

No.11 「理解內容」勝過速度和硬背

Point

1 參考書的選擇標準是「自己能否理解」

2 最優先考量「理解度」

第十一名是「理解內容」勝過速度和硬背。

許多學習專家提及「理解」的重要性。

為什麼「理解」對學習來說如此重要？因為**只要理解就很容易記住**。

儘管說法不同，但許多學習法暢銷書闡述了「理解」與「記憶」的關係，例如：「背誦時一定要充分理解內容」、「理解才記得住」、「理解就能輕鬆背誦」、「不要一字一句地硬背，應理解其中意義」等。

《考上就靠心智圖》（萩原京二、近藤哲生／智富）一書提到了考取及格分數不可或缺的「三大能力」。

考取及格分數不可或缺的「三大能力」

①「理解力」……打從心底明確感受「我懂內容與意義」的能力。人的大腦無法正確輸入自己不能理解的資訊。

②「記憶力」……記住（回想）事物的能力。複習和反覆學習是儲存資訊的必要手段。

③「解答力」……導出正確答案的能力。

話說回來，學習時應該理解什麼才容易記住？
為各位介紹學習法名著提及的範例。

理解就容易記住的範例

・英文單字要分段並理解語源

根據《成果方程式》（萩原湧人／學研PLUS）的內容，一個英文單字可以分段理解。

例如「respect」可以分成「re」與「spect」。這兩個部分有各自的意思。

- 「re」……「好幾次、之後、再次等」
- 「spect」……「看」

「像是看過好幾次那般在意→尊敬」

分段理解就很容易記住。

・數學公式要理解導法就很容易記住

・不清楚意義的詞彙要查字典幫助理解

・掌握歷史發展

理解時要注意「整體順序與流程」，這一點也很重要。大學考試顧問松原一樹在《第一志願錄取！必勝學習法》（三悅文化）中提及：「**無論是考大學或考證照，為了考試用功念書都是從『掌握整體流程』開始。**（略）**若跳過『理解』過程，就無法大幅提升學力。**」

1 參考書的選擇標準是「自己能否理解」

選擇適合自己等級且看得懂的書籍、參考書，是確實理解的重要關鍵。

寫過多本暢銷書的精神科醫生和田秀樹在《大人的學習法》（PHP研究所）提及：「**無論學習什麼，盡可能找到容易理解的解說書籍是基本技巧。**（略）**能否找到好的入門書或解說書籍是成功關鍵。**」接著又說：「**每個人的理解程度不同，適合自己的解說方式也不一樣。不妨先在書店仔細翻閱，確定自己看得懂再買。**」

關於選擇參考書的方法，請參閱第十八名解說內容。

2 最優先考量「理解度」

準備考試的過程難免感到焦躁，想要趕快進入下一個階段。有時候是靠硬背記住內容，並不理解其中意義。

然而，**在不理解內容的狀況下進入下一個章節，或是硬背內容，很可能浪費時間與心力，「確實理解」相當重要**。

世界知名大學的學生紛紛學習其理論的《超高效學習》（芭芭拉・歐克莉、歐拉夫・修威／三采）中寫道：「**有效率的讀書奧義不在於速度，而是理解與記住閱讀內容。**（略）**稍微降低閱讀速度，有助於確實理解書中內容。**」

暢銷書《教育出不輸給AI的孩子》（新井紀子／東洋經濟新報社）提及以下內容：

「**RST重視的不是快速閱讀，而是正確閱讀。**（略）**看得很快卻理解錯誤，不僅無法精準理解書中內容，還很可能吸收錯誤知識。**」

RST是新井紀子等人在AI研究中，發展出的READING SKILL TEST（閱讀技巧測驗）。

話說回來，當你想要理解卻遲遲看不懂的時候，不妨先進入下一個章節。在這種情況下先增加其他知識，之後再回頭學習，就有可能看懂原本不理解的知識。

No. 12 對學習對象「感興趣」

Point

1 學習要積極主動

2 從「喜歡的事物」挖掘

3 覺得有疑問就積極調查

許多學習專家認為「抱持好奇心」、「享受學習」很重要。

事實上，不少專家認為「學習是一件開心的事情」。

「無論是誰，只要充滿好奇就會感到開心。對於事物的理解愈深刻，內心就愈喜悅。過去分別闡述的理論，若能透過統一法則理解內容，相信任何人都會感到痛快，這是人類本性。學習可以滿足上述需求，因此學習本來就是一件快樂的事。」（野口悠紀雄《「超」學習法》／星光）

想要讓學習更快樂、讓自己樂在其中，「感興趣」、「抱持好奇心」相當重要。

抱持好奇心、享受學習、關心自己輸入大腦的知識有以下好處：

◆「抱持好奇心」的三大好處

（1）容易記憶。
（2）可以集中精神。
（3）維持學習幹勁。

（1）容易記憶

有些人即使忘記交功課或報告的日期，也絕對不會忘記和好友之間的約定。愈快樂的事情愈容易記住。

研究顯示，讓我們感到「有趣」、「開心」的事情，大腦愈容易記住。

根據《超快速學習法》（宇都出雅巳／晨星）所述：「**研究顯示，人看著或思考自己感興趣的事物，大腦會釋放 θ 波，有助於增加神經細胞、提升記憶力。**」

此外，該書認為人們記得住自己喜歡的事情是因為：「**無論是書籍、雜誌報導、電視節目，人對自己感興趣的事情會重複閱讀、收看和體驗。**」

（2）可以集中精神

當我們從事自己喜歡或關心的事情，會自然地集中精神，甚至到廢寢忘食的程度。

（3）維持學習幹勁

有興趣能讓我們湧現幹勁。社會心理學家海蒂・格蘭特・海佛森（Heidi Grant Halvorson）認為：「**人對於自己有興趣的事很難感到疲憊，事實上，最近的研究顯示從事自己感興趣的議題，可維持高活力狀態。**」（《成功人士一定會做的9件事情》／晨星）

1 學習要積極主動

與其被動學習，靠自己的意志主動參與的方式將更有效率，學習也更有趣。

當一個人有「被迫學習」、「強制做某件事」、「不念書不行」等感覺，非但不能享受學習，反而會產生厭惡感。自然也不能提升學習效率。

科技創業家戴夫．亞斯普雷（Dave Asprey）在《防彈成功法則》（木馬文化）寫道：**「強迫自己學習不感興趣的事物，最後學到的知識只有學習熱衷事物的十分之一。」**

積極學習的祕訣

- 「自己」選擇教材

  若覺得教材不適合自己，不妨尋找自己覺得淺顯易懂的參考書或書籍。欣賞YouTube影片也很棒。

- 以「自己獨創」的方式學習

  發揮巧思，以適合自己的方式學習（請參考第十五名解說）。

2 從「喜歡的事物」挖掘

先找出自己喜歡的事物（學習以外的事物也可以），才能對學習感興趣。找到之後請深入研究。

假設你有一首喜歡的英文歌曲，不妨查字典了解歌詞的意義，同時搜尋同一位作詞作曲家寫的歌，或同一位歌手唱的歌，了解歌詞的意思。多做幾次之後，就等於在學習英文。

身兼YouTuber與藝人身分的河野玄斗在《東大醫科生一次通過司法考試的最強讀書術》（台灣角川）中這麼說：

「持續深入研究自己喜歡的事情，例如繪畫、運動和美食，最後很可能有利於自己的學習。」

「喜歡的事物」幫助學習的範例

喜歡電玩

↓

嘗試製作遊戲系統

↓

學習程式編碼

↓

想製作更複雜的系統

↓

學習數學知識

↓

想製作更精美的3D動畫

↓

學習物理知識

↓

想結合英語圈的先進技術

↓

學習英語知識

當你想深入研究自己喜歡的事情，就會產生新目標，必須學習更多領域的知識。

3 覺得有疑問就積極調查

即使討厭學習，遇到不清楚之處，覺得有疑問就要好好研究。

當你研究後了解一切，就會豁然開朗。

這種豁然開朗的感覺可以激發情緒反應，當你有所感覺，就很容易記住。當你記住或了解，就能享受學習。

一直說「我不要」或「討厭」，無法改變任何事。

首先要做的是付諸行動，這一點很重要。

研究問題可讓學習和輸入知識更有趣

「我討厭讀書」、「吸收知識真麻煩」

↓

「等等，這是什麼？」

↓

研究調查自己不清楚之處

↓

感到驚喜：「原來如此！」

↓

容易記住，促進理解

↓

產生結論：「沒想到這麼有趣！」

No.13 失敗也不用過度反省

Point

1 不用負面詞彙

2 出錯時更應記取失敗的教訓

第十三名是失敗也不用過度反省。

我們經常遇到以下情形：「又在相同問題出錯」、「考試成績不如預期」、「無法進入第一志願的學校就讀」……。

當我們設立目標努力學習，常常遭遇失敗或結果不如預期，一旦失敗就會感到沮喪。

學習專家認為應正面看待失敗和不如人意的結果，將其轉化成力量，這一點很重要。

常言道，失敗為成功之母。因為失敗能讓人成功與成長。

話說回來，「記憶」是學習關鍵，也與失敗有關。腦研究家池谷裕二曾說：「**記憶是由『失敗』與『重複學習』形成並強化而成。**」（《增強記憶力》／講談社）**接著又說：「**（大腦）**為了導出正確答案，嘗試錯誤是絕對必要的。失敗之後以失敗為基礎，思考接下來該做什麼，然後再次失敗……不斷重複這樣的過程。**」可見學習一定會遭遇失敗。

做好準備避免錯誤或失敗確實很重要，但只要正面看待失敗經驗，學會遭遇失敗沮喪如何重新振作，遇到意外狀況時，就能迅速調整心態，恢復正常的學習模式。

1 不用負面詞彙

面臨可能失敗或困難的事情時，腦中總是會迸出「太難了」、「我做不到」等負面想法，或不小心說出喪氣話。不過，各位應該盡可能避開這類負面詞彙。

「一旦萌生『太難了』、『我做不到』這類想法，大腦就會將相關資訊貼上負面標籤，降低思考力與記憶力。若總是以負面態度看待事物，會連自己做得到的事情都失敗，或花費比預期更久的時間。」（林成之《孩子的才能在三歲、七歲和十歲決定！》／幻冬舍）

「壓力量會隨著我們接觸到的語言和使用的詞彙改變。」（池田貴將《圖解動機大百科》／SANCTUARY出版）

×盡可能避免的詞彙和想法範例

- 「不可能」
- 「我不行」
- 「我做不到」
- 「我不知道」
- 「我不幹了」
- 「感覺好辛苦啊」

有時候明知道自己應該要避免上述詞彙和想法，但還是會忍不住認為「我做不到」、「不可能」。

社會心理學家海蒂．格蘭特．海佛森在《成功人士一定會做的9件事情》（晨星）中如此表示：

「即使你遇到一個很棒的成長機會，若你心中想著『我無法成長』，就不可能真正實現。（略）**若你很想說『我做不到』，不妨換個方式，改說『現在的我還做不到』。」**

2 出錯時更應記取失敗的教訓

當你失敗或出錯，不要悶悶不樂，應正面看待，認為自己「上了一課」、「受益良多」。

東進升學補習班英文科講師安河內哲也曾說：「**想成功學習就不要一直反省。**」（《學習大勉強》／高寶）意思是若不斷回顧過去，悶悶不樂地在內心反省自己，就會讓自己陷入消沉狀態。他也建議讀者**就算跌了一大跤，也無須強迫自己做什麼，不妨將失敗視為轉機，以正面的態度面對。**

怎麼做才不會做錯？思考更好的改善方法很重要。由於這個緣故，各位千萬不要成天愁眉不展，應適時轉換心情。

律師白川敬裕在《真正的學習法》（鑽石社）中提到：

「我一直認為經歷小小困難，能增強心靈的免疫力。」

而且他還做了許多增強免疫力的訓練。

其中之一就是持續小考。當你成功解題，獲得**「小小的成功」**就能增添自信；若解題失敗，也能將解不開的難題當成**「小小的失敗經驗」**加以改善。

「利用失敗增強免疫力」的發想，可說是將失敗當成自己的夥伴。

No.14 「說給別人聽」可加強記憶

Point

1. 任何人都是「說話對象」
2. 以「說給別人聽為前提」輸入知識
3. 「提問」有助於提升孩子的學習能力

許多學習法名著都提及「說給別人聽」、「教導別人」的重要性，例如：

「將學到的事物說給別人聽，有助於穩固記憶。」

「俗話說教學相長，教導別人是最大的學習。」

「向別人解說自己學到的知識是效果最好的學習法。」

不只是直接說給別人聽，「說（解釋）給自己聽」、「靠記憶寫下自己學到的知識」也很有效。

《紐約時報》的人氣科學記者凱瑞（Benedict Carey）曾說：

「這（將學到的知識說給自己聽或解釋給別人聽）是效果非常好的學習方法，比起坐在書桌前盯著教科書看，學習效果高出兩到三成。」

（《最強大腦學習法》／天下文化）

為什麼說給別人聽、教別人對於學習有幫助？

原因很簡單，若你不懂就無法讓別人了解。因此在說出口之前，一定要充分理解，並用自己的話解釋一切。

◆說給別人和自己聽的效果

- **加深理解。**
- **釐清自己不懂的地方。**
- **幫助記憶。**
- **整理記住的資訊。**

1 任何人都是「說話對象」

由於對方的知識水準不同，將自己學到的東西說給別人聽的時候，得到的效果都不一樣。

對方的知識水準改變自己的收穫

- 當對方的知識水準比自己高（老師或前輩等）
  可以請對方指出或補強自己知識不足的部分。
- 當對方的知識水準比自己低（比自己晚入學的人、妹妹或弟弟等）
  若能充分地向不懂的人解說，有助於加深自己的理解。
- 當對方的知識水準與自己相同（同學、同事等）
  教學相長，可以加深理解。

根據明治大學文學部教授齋藤孝的說法，他會在期中考和期末考的前兩週，與同學一起從事「說話學習法」。

「我和另一位同學會一起讀課本的同一頁，記住書中內容。（略）**接著其中一人先說自己記得的內容，另一人靜靜地聽，確認是否有誤。結束之後，兩人互換再做一次。簡單來說，就是說出自己記住的知識，稱為說話學習法。」**（《真正的「聰明」究竟是什麼？》／誠文堂新光社）

他在準備大考時也使用這個學習法，書中還寫道：「我和這位同學最後一起考上東京大學。」

2 以「說給別人聽為前提」輸入知識

無須直接說給別人聽，以「說給別人聽為前提」輸入知識也很有效。

腦神經外科專業醫生築山節在《健腦15招》（天下文化）中提及「以說給別人聽為前提吸收資訊」的重要性，並表示：「**想要刻意地將資訊輸入腦中，基本上必須以輸出該資訊，也就是以要說給別人聽為前提。」**

舉例來說，有人突然告訴你「請閉上眼睛，告訴我這間屋子裡有幾個紅色物品」，以及事先跟你說「請記住這間屋子裡有幾個紅色物品，我待會會問你」，在這兩種情形下，接收資訊的方式不同。

當別人說「待會問你」時，表示晚一點需要「說給別人聽」，因此必須先牢牢記住屋子裡有多少紅色物品。

築山節認為，以說給別人聽為前提接收資訊有以下兩大好處：

- **可回想起許多資訊。**
- **記住的事情不易隨著時間流逝而遺忘。**

3 「提問」有助於提升孩子的學習能力

「說給別人聽」、「教別人」也有助於幫助孩子加深理解。

加藤紀子在《寫給忙碌父母的育兒百事》（先覺）中提及「**讓孩子養成教別人的習慣，有助於提升學習效率，穩固知識**」。

加藤紀子認為「讓孩子善於教導他人」的重點有以下三個：

讓孩子善於教導他人的重點

①假裝自己不懂，問孩子「請問這一題要怎麼解？」，不斷提出問題。

②即使孩子說錯了也不指正，若孩子說不出來，就指出另一條路，問孩子「這樣對嗎？」，讓孩子自己思考。

③等孩子教完後，要謝謝孩子，告訴他：「謝謝你講得這麼清楚。」➡讓孩子想再教別人。

No.15 不要執著「不適合的做法」

Point

1 質疑「與他人一樣」的想法

2 因應「適合自己的方法」改變

3 使用「種類別學習法」尋找適合的做法

誠如本書介紹的，世界上有各種學習法、記憶法和專注法。
努力學習的人也有自己的個性與目標。

「適合別人。」
「別人的學習成果變好了。」
「學校教過。」
「身邊的人都在做。」
「某本書有寫。」
上述的學習法、記憶法和專注法不一定適合自己。

持續實踐不適合自己的方法，很難提升自己的學習成果。如此一來，明明原因在於學習法不適合自己，卻搞錯重點，認為自己不會念書，覺得是因為自己笨才無法理解。反而陷入責備自己，感到沮喪的局面。

經濟學家柳川範之曾在《東大教授教導的自學學習法》（草思社）中表示：

「老實說，每個人的學習方法都不一樣。有些人要花很多時間在剛開始學習的階段，努力理解知識內容，但這不表示對方沒有理解能力。（略）重點在於每個人都要配合自己的類型與個性，依照自己的步調學習。」

選擇適合自己的做法主要有以下四大好處：

◆選擇適合自己做法的四大好處

- **學習時不易疲累。**
- **可掌握學習效果。**
- **可開心學習。**
- **有效集中精神學習。**

1 質疑「與他人一樣」的想法

水上颯醫生在《東大最強頭腦傳授　鍛鍊大腦的五大習慣》（三笠書房）中闡述「**不要受限於別人實踐的方法，要找出適合自己的學習方式**」的重要性，接著又說：

「學校老師要求我們做筆記，同學也很自然地做筆記，所以我也跟著做筆記。我希望各位面對這類『理所當然』的學習法時，一定要先質疑是否適合自己。」

抱持質疑，研究過後如果認為這項學習法適合自己或是很有效，請務必實踐。如果覺得不適合自己，就請停止。多做比較，選擇取捨，找出最適合自己的方法，這一點很重要。

2 因應「適合自己的方法」改變

想要「找到適合自己的方法」，一定要改變過去的做法。既然如此，我們該怎麼改變呢？請參考以下三大重點：

◆「改變學習法」的三大重點

（1）改變思考方式

若遲遲沒有成果，請先找出自己最不擅長的地方，改變過去的做法。

改變思考方式的範例

現在的自己		新想法
不擅長背誦。	➡	從邏輯角度思考並記住關聯性。
記得快，忘得也快。	➡	不要「記住就結束」，而是重複記憶「避免忘記」。

現在的自己		新想法
花很多時間才能理解，感到焦慮。	→	不要焦慮，慢慢來即可。
花很多時間整理筆記，沒時間背誦。	→	停止整理筆記，整理教科書和參考書內容。
大家都稱讚的參考書，自己閱讀時卻覺得好難懂。	→	尋找其他的參考書。

（2）不要執著單一做法，可搭配組合

舉例來說，假設「你已經用書寫的方式背英文單字，卻怎麼也背不起來」，不妨搭配說和聽的方式加強記憶。

有時候結合不同方法，能讓你有新發現。

（3）遵照「守破離法則」找出專屬於己的學習法

育兒顧問道山啟撰寫的《親子一起學習　國中生學習大全》（主婦之友社）就提出了一些建議，他在書中提出「守破離法則」。

守破離指的是學習事物的順序與基本態度，這原本是日本武道和茶道使用的詞彙。

守破離法則

- 守：按照別人說的去做。

⬇

- 破：嘗試不同做法。

⬇

- 離：建立專屬於己的做法。

先嘗試書中介紹的方法與形式。

若覺得不適合自己，再嘗試其他方法。

覺得好的方法就繼續做，若結果不如預期就恢復原有方法。各位務必選擇取捨，找出適合自己的好方法。

3 使用「種類別學習法」尋找適合的做法

由日本旺文社編輯發行的《喜歡學習》中，提及配合孩子時間選擇學習法時，可參考哈佛大學心理學家霍華德・加德納（Howard Gardner）提倡的「多元智能理論」。

根據書中內容，人類的智能有八種，**「配合孩子特性，找出擅長領域，採取適合的方法學習，就能大幅提升孩子的能力。」**

統整孩子的八大類型，以及適合各類型的學習法，結果如下頁所示：

找出自己與孩子屬於哪個類型，再試著建立自己的學習法。

「孩子的八大類型」與「各類型學習法」

①語言智能：擅長寫文章，國語、社會是高分科目。

②邏輯數理智能：對於科學事物的理解相當迅速，數學、理科是高分科目。

➡類型①與②的孩子大多學業成績優良，適合在學校學習。

③空間智能：擅長玩拼圖、解開圖形問題，利用繪畫和圖像說明較容易理解。

➡建議選擇大量使用圖片和照片的書籍，重視視覺學習。

④音樂智能：擅長唱歌和演奏樂器，很快就能記住旋律。

➡大聲唸出或唱出書籍和教材內容，透過聲音學習。

⑤肢體動覺智能：擅長運動，活動雙手較容易理解內容。

➡透過做實驗、使用道具等方式活動身體，集中注意力。

⑥人際關係智能：與其他人合作較容易成功。

➡和家人朋友一起學習。

⑦自省智能：自己一個人思考學習較容易成功。

➡找出可以獨處的時間與地點。

⑧自然辨識智能：熟悉對特定事物，愛看圖鑑。

➡讓孩子收集各種圖鑑，接觸實物。

No.16 學會速讀技巧

Point

1 書籍只要理解「必要之處」即可

2 依照目的選擇適合的「學習法」

第十六名是學會速讀技巧。

許多學習法名著都推薦學習時採用「速讀」技巧。

◉速讀

……比平時更快的速度閱讀書籍。（《精選版　日本國語大辭典》）

「速讀法」又稱為「速讀術」，世界上有各種快速閱讀書籍的技巧，不少人和團體都提出各自的做法。

◆速讀法範例

・影像閱讀法

這個方法就像用相機拍照片一樣，瞬間理解大量文字。

（保羅・R・席利《新版　你也能用十倍速閱讀書籍》／FOREST出版）

・瞬讀

使用右腦閱讀，將文字視覺意象化。使用左腦，透過手寫輸出

內容。（山中惠美子《瞬讀》／SB Creative）

・高速大量迴轉法

高速重複閱讀書籍。（宇都出雅巳《超快速學習法》／晨星）

・速習法

大量閱讀增加知識，讓自己快速閱讀的方法。（園善博《超速習法即戰力》／智富）

以下不局限於特定的速讀法，而是針對快速閱讀書籍的整體「速讀」進行統整。

速讀主要有以下三大好處：

◆速讀的三大好處

（1）節省時間。
（2）儘早做出成果。
（3）提高理解度。

1 書籍只要理解「必要之處」即可

當我們買了一本書，就會忍不住想「這是我特地買的書」、「書中充滿筆者的想法」、「每字每句我都想要充分了解」，於是想要從頭讀到尾。有時也會遇到自己看不懂內容而停止閱讀，甚至停止學習的狀況。

學習專家表示「看不懂的地方就略過」、「忽略不懂的用語」、「不一定要全部理解」、「挑著看也可以」。

有「知識巨人」美譽的記者立花隆在《鍛鍊大腦》（新潮社）中寫道：

「看不懂的地方只要概略理解，用括弧標記下來，繼續閱讀即可。（略）**書不一定要從頭看到尾，也沒必要全部看懂。」**

有時候會遇到作者不擅長說明，或根本說錯的狀況，此時也「無須執著」，繼續讀下去即可。

精神科醫師和田秀樹在《大人的學習法》（PHP研究所）中表示：

「不要看目錄，然後直接跳到覺得有趣的章節，或自己覺得有用的部分，盡可能看完整本書，就能迅速增加自己的資訊收集量和參考文獻的數量。」接著又說：「熟讀重要內容，就能在腦中記住更多知識。」

柳川範之也說：**「忽略自己不懂的用語，閱讀時掌握書籍的基本概念。」又認為：「充分理解整本書只是浪費時間與心力而已。」**（《東大教授教導的自學學習法》／草思社）

2 依照目的選擇適合的「學習法」

也有不少學習法暢銷書作家認為「要依照書籍內容改變閱讀方法」。

在《我們每天實踐的最強閱讀法》（東洋經濟新聞社）中，與池上彰對談的佐藤優表示，通常他會看完整本書，但會依照閱讀目的，將書分成「超速讀」與「普通速讀」兩種。

「超速讀」與「普通速讀」

「超速讀」：五分鐘看完一本書

試讀。掌握整體書籍的印象。確認這本書是否值得熟讀，找出值得閱讀的地方。書中的每一頁都要看過一遍。

「普通速讀」：三十分鐘看完一本書

大致理解與記住書中內容，了解每個章節的主題。重要的地方以十五秒的時間看完一頁，其他部分以超速讀帶過。

另一方面，池上彰則說：「**每一本書我都會看序文和結語。**」「**建立基本概念的主題書我一定會熟讀。**」至於「**內容單薄或不會帶來新發現的書籍**」則以速讀方式帶過。

No.17 設定時限可提高集中力與記憶力

Point

1 針對目標設定期限

2 期限要劃分得細一點

許多學習專家建議學習時應設定「時間限制」，例如「這一科花一個小時念到〇〇章節」、「〇點前要完成這份報告」。

設定學習時限有以下四大理由：

◆「設定學習時限」的四大理由

（1）提高專注力。

（2）提高記憶力。

（3）清楚自己該做的事。

（4）要求自己完成學習。

日本神經心理學會會員兼編劇上岡正明在《至死不渝的高速閱讀法》（如何）中寫道：「**目前已知人類做事時只要強制規定開始與結束時間，就能大幅提高專注力。**」對於運動比賽或考試都有時間限制的規定，他也認為：「**這個做法可讓人提醒自己注意時間，充分提高大腦專注力。**」

◆設定期限時的重點

- **設定目標時一定要設定期間。**
- **期限區間要分細一點。**

1 針對目標設定期限

翻譯家兼評論員宮崎伸治在《大人的學習法》（楓書坊）中指出：「設定沒有期限的目標，無論努力多久都無法達成。」

另一方面，宮崎伸治進一步論述：**「最好先訂定具體期限再開始學習，較容易達成目標。」**

「我要讀通○○系列共二十本書。」
「我要考取○○證照。」
「我要在多益（TOEIC）考試考○○分。」

如上述範例設定具體目標，一定要加上期限，註明什麼時間點之前要做完。例如：

「**一個月之內**，我要讀通○○系列共二十本書。」
「**今年**我要考取○○證照。」
「我要在**今年度**的多益（TOEIC）考試考○○分。」

同時設定目標與期限是達成目標的重要關鍵。

目標設定愈具體愈好。

舉例來說，「學會英文」的目標太過模糊，也不知道可在哪個階段完成。

但如果是「英文考試考**八十分以上**」，加上數字後目標就很明確。

2 期限要劃分得細一點

期限要盡可能劃分得細一點。既然如此，該如何設定期限才好？以下介紹幾個應細分期限的範例。

「應細分期限」的範例

・網路搜尋時間

➡上網搜尋資料很容易變成漫無目的瀏覽網站。如設定花十五分鐘上網找資料，請用計時器計時，時間到了就停止。

・考試期間的解題時間

➡遇到很困難的問題時，不妨設定花「五分鐘」思考解題。如果真的解不開就放棄，趕快做下一題。

・背誦的時間

➡例如設定「〇分鐘之內背〇個英文單字」。

讀書猿在《獨學大全》（鑽石社）中提出「**限讀Timed Reading**」法。

簡單來說，先決定一本自己要讀的書，設定在短短的「十五到三十分鐘」內讀完這本書。也就是在限定時間內讀書的方法。

根據書中內容，重複這個方法可以發揮以下效果：

「**增強讀書的專注力。**」

「**學會掌握重點和找出重點的方法。**」

「學會判斷可以跳過的章節或是無須閱讀的書籍。」
「增加閱讀數量。」

不少學習法名著也認為「對於一天時間的運用方法，最好也要設定期限」。

升學考試指導教練池田潤認為應將一天分成早中晚，分別列出清單，例如**「早上待辦事項」**、**「下午待辦事項」**、**「晚上待辦事項」**。（《在家唸書就能考上的高效自習法》／采實文化）

若以一天為單位列出待辦事項，不細分時段，會使完成目標的期限過長，反而容易鬆懈或浪費時間，一定要特別小心。

計時器是設定期限最好的幫手。
最好不要使用手機的計時器功能。
這個做法很容易讓人不小心打開手機APP，反而阻礙學習。

No.18 從輕鬆易讀的參考書、入門書看起

Point

1. 選擇「輕薄」、「易讀」、「可速讀」的書籍
2. 多讀幾本入門書
3. 童書與漫畫是很好的「切入點」
4. 慢慢提升選書等級

學習專家建議一開始選擇淺顯易懂的參考書和入門書，從最基礎的知識學起。

◉淺顯易懂的參考書

……對自己來說最容易理解的參考書籍。

為什麼要從淺顯易懂的參考書和入門書學起呢？

當我們學習陌生領域的知識，若一開始就接觸艱澀高深的參考書或題庫，一定會看不懂，沒多久便放棄。

因此大多數學習專家認為**「必須先打好基礎」**。

除此之外，還有以下好處：

◆從淺顯易懂的參考書和入門書學起的好處

- **建立穩固基礎。**
- **促進理解知識。**
- **容易學習。**
- **可掌握整體概念。**

1 選擇「輕薄」、「易讀」、「可速讀」的書籍

話說回來，該如何選擇淺顯易懂的參考書和入門書？

學習專家根據自己的經驗，發展出一套選擇方法。在此介紹其中一例：

淺顯易懂的參考書和入門書的選擇重點

- 最好選擇去蕪存菁、頁數較精簡的書籍。
- 以簡單文字解說從未見過的專業術語。
- 以適合個人的特性和喜好選擇（如果你喜歡看大字體，就選擇字體較大的書；如果你喜歡看圖片，就選擇圖片較多的書）。
- 選擇可以迅速閱讀的書籍。
- 再版多次（已上市書籍經過多次印刷出版）的書代表其獲得穩定支持。
- 新書（比文庫本大一些的書籍）有許多出色的入門書。
- 覺得難就停下來，改看其他入門書。
- 全彩印刷的參考書通常較淺顯，適合大眾閱讀。
- 書中大概有兩成內容是自己早就知道的知識（若整本書都看不懂，會讓人感到不安）。

- 翻閱作者簡介，確認他是否在該領域出版多本書籍。若有，代表作者是寫作老手，通常內容較為淺顯。
- 若有自己想研究的領域，請熟悉該領域的專家或值得信賴的人介紹書籍。
- 去圖書館和書店翻閱該領域的相關書籍。

2 多讀幾本入門書

京都大學名譽教授鎌田浩毅在《這樣學習，一生受用》（究竟）中提及「無論什麼主題，至少買三本入門書」為原則，接著闡述這麼做的理由：

「若只看一本書學習，通常會出現偏頗的結果。（略）**讀三本書多少可平衡不同觀點，較容易掌握概要。此外，讀三本較容易遇到令自己感動的好書。」**

哲學家千葉雅也在《學習的哲學》（文藝春秋）表示：**「入門書應該要多看幾本互相比較。」**

「不要太相信一本書，只看一本入門書就覺得自己很懂的心態最麻煩，必須從各種角度綜觀該領域的輪廓。即使是相同領域的研究家，每個人的解讀方法和著力點都不同。」

話雖如此，也不能買太多入門書。

有時很容易陷入只買不讀，把書放在家裡擺設的窘境。

3 童書與漫畫是很好的「切入點」

除了入門書和淺顯易懂的參考書之外，學習專家也介紹了可以打好學習基礎的教材。

◆打好學習基礎的教材

・小學生適讀的學習漫畫

若想學習日本歷史，不妨閱讀小學生適讀的《世界史系列》和《日本史系列》等學習漫畫，較容易掌握整體概念。

・適合小學生的白地圖（只用線畫輪廓，其餘部分皆為白色的地圖）

適合學習日本地理。

・國中生的公民課本

學習政治經濟的基礎。

・岩波書店《岩波少年新書》系列、筑摩書房《筑摩PRIMA新書》系列

文科學生閱讀理科的同一系列，理科學生閱讀文科的同一系列，較容易理解內容。

・善用電影和網路影片

利用電影和影片學習自己想了解的主題，較容易掌握概要。

根據前方介紹的鎌田浩毅著作，作家司馬遼太郎曾經寫過一篇文章，表示在研究自然科學類的主題時，他也會從童書入門。

4 慢慢提升選書等級

利用淺顯易懂的參考書和入門書打好基礎後，要慢慢提升難度等級，選擇更高階的參考書和專業書籍。

實業家吉永賢一在《東大醫科高材生的滿分學習法》（商周出版）中提及為了增加知識選擇購買的書籍種類，他認為：「**若能按照以下順序買書，可以有效吸收知識。**」建議的順序如下：

提升書籍等級的方法

步驟①入門書

↓

步驟②專業書籍

↓

步驟③字典（用語集）

吉永賢一建議入門書閱讀二到四本，若是專業書籍，看一本就夠了。他還建議選擇專業書籍時，不妨聽聽前輩和老師的意見，並參考大眾口碑。

教育活動家佐藤亮子在《「從灘高中到東大理Ⅲ」的三兄弟之母：培育精英的方法》（KADOKAWA）提倡**「將參考書分成兩個等級」**的方法，她的小孩使用的參考書都是她買的。

依等級使用參考書

- **等級① 學習第一次接觸的領域時**

  看三遍頁數精簡的參考書。

- **等級② 學習第一次接觸的領域時**

  讀幾本難度較高的參考書，原因是「必須接觸各種解說、觀念和問題」。

無須讀完所有難度較高的參考書，當你遇到問題時，只要參考這些書找出其他範例，加深自己的見解即可。

No.19 利用「運動」鍛鍊大腦

Point

1. 運動可以提升記憶力
2. 有氧運動最有效
3. 一天一次做十五分鐘有氧運動

第十九名是利用「運動」鍛鍊大腦。

「運動可以穩固記憶」、「運動可以改善大腦整體的功能」、「活動身體有助於提升學習效率」……有十七本學習法名著提及運動和大腦的關係，並做出**「學習需要運動」**的結論。

瑞典精神科醫生安德斯．韓森（Anders Hansen）曾說：**「根據研究，比起記憶訓練、數獨、填字遊戲，經常活動身體或做運動有助於提升大腦功能。**（略）**活動身體最能強化的身體部分其實是腦部。」**（《最強腦》新潮社）

經濟學家野口悠紀雄在《「超」學習法》（星光）提及：「**一定要活動身體，『走路』是任何人都能從事的輕度運動。許多人都認可走路有助於增強知識，走路可以刺激腳掌，活化腦部活動。**」又說：

1 運動可以提升記憶力

運動對於學習有以下六大效果：

◆運動對於學習的六大效果

（1）提升專注力。
（2）提升學習效率。
（3）使頭腦清晰，提升注意力。
（4）湧現幹勁。
（5）提高記憶力。
（6）增強抗壓力。

最多人提及的效果是「提高注意力」。這一點已經過研究證實。

《運動改造大腦》（約翰・瑞提、艾瑞克・海格曼／野人）清楚指出：**「二〇〇七年德國研究團隊針對人類進行一項研究，證實運動後比運動前記住英文單字的效率高出百分之二十。」**

芭芭拉・歐克莉、歐拉夫・修威撰寫的《超高效學習》（三采）中，也提及運動有助於學習與形成記憶的原因：

「這是因為運動會促進大腦分泌BDNF（腦源性神經營養因子）。」

BDNF（brain-derived neurotrophic factor／腦源性神經營養因子）是一種蛋白質，分泌時可強化腦中連結，加快資訊傳遞。

運動可促進分泌BDNF，因此有助於活化腦部。

事實上，有些學習專家在背誦知識時會搭配運動。

雙人搞笑組合「廬山」的成員宇治原史規畢業於京都大學法學部，是猜謎節目的常客。他的搭檔菅廣文是他的高中同學。菅廣文在《京大藝人》（幻冬舍）中，公開了宇治原的學習法。

「宇治原不會畫重點，而是用不同方式背誦，那就是『書寫、大聲唸出來與散步』。無論在哪裡，宇治原都這麼做，就算在圖書館也一樣。」

2 有氧運動最有效

許多運動都有助於學習，例如散步、慢跑、伸展操、肌肉訓練等。每本書介紹的運動都不同。

也有名著指出，從事不同運動可提高的記憶種類也不同。

前方介紹過的安德斯・韓森在另一本書《真正的快樂處方》（究竟）指出：**「運動種類也會影響記憶的種類。」**

具體如下：

- **背誦力……慢跑**
- **聯想記憶**（臉和名字對得起來）**……肌力訓練**
- **記憶力**（想起鑰匙放在哪裡）**……慢跑、肌力訓練**

他還做出結論，認為「有氧運動最有助於提升記憶力」。

◉有氧運動
……將脂肪和醣類轉換成熱量，強度較低的運動。例如慢跑、散步、游泳、騎自行車、跳有氧舞蹈等。

一百本學習法名著介紹的運動種類中，最常被提及的是「走路」與「散步」。

換句話說，許多學習專家學習時會做有氧運動。

3 一天一次做十五分鐘有氧運動

具體而言，運動要做多久才夠？根據《超高效學習》（芭芭拉・歐克莉、歐拉夫・修威／三采）的內容，**「這個世界上沒有任何指南可以告訴我們，多少運動量才有助於維持與發展認知功能。」**

統整學習法名著建議的運動量標準如下：

・每週總計做兩小時以上的有氧運動。每週做幾次四十五到六十分鐘以上的運動。如果沒有時間，每天做十五分鐘運動也很有效。（《最高學習法》樺澤紫苑）
・每天最少出門散步或慢跑三次。（《在家唸書就能考上的高效自習法》池田潤）
・每月兩次，每次散步八小時。（《這樣學習，一生受用》鎌田浩毅）
・每週做兩次有氧運動。（《大腦當家》John Medina）
・一週五天，每天至少做三十分鐘承受適度負荷的運動（心跳數只要比平時高即可）。每週至少做兩天強化肌肉的訓練。（《超高效學習》芭芭拉・歐克莉、歐拉夫・修威）

・學習前慢跑十分鐘、學習後走路五分鐘（增強記憶力）。每週散步三次，每次四十分鐘（增加大腦的工作記憶）。（《最短時間獲得最大成果的超效率學習法》Mentalist DaiGo）

※工作記憶（Working Memory）：處理短期資訊的腦部功能。

研究之後，發現**「一天做一次十五分鐘有氧運動」**最好。

當我們準備考試或學習，會覺得每分每秒都很重要，根本無心運動。

升學考試指導教練池田潤在《在家唸書就能考上的高效自習法》（采實文化）一書中，做出以下表示：

「長期來說，悉心照顧身體有助於持續學習。（略）**不要咬著牙拚命苦讀，帶著幸福感享受學習，也能做出成果。**（略）**我的生活每天都要打電腦，自從開始運動之後，大幅提升工作效率。」**

根據學習專家的說法，不只是每天定期運動，遇到「思緒不清晰」或「大腦無法運作」等情形時，散步是很好的解方。

散步十到十五分鐘可以活化腦部。

No.20 啟動「五感」學習

Point

1. 盡可能同時運用「五感」
2. 鍛鍊「視覺記憶」
3. 行程空檔就靠耳朵學習

第二十名是啟動「五感」學習。

> ◉五感
>
> ……透過眼睛、耳朵、鼻子、舌頭和皮膚等五感感受外界事物，通稱為視覺、聽覺、嗅覺、味覺和觸覺等五種感覺。
>
> （《精選版　日本國語大辭典》）

以學習英文為例，透過以下方法，盡可能運用「五感」學習。

・用眼睛看→「默讀」

・用耳朵聽→「聽力練習」、「朗讀」

・發出聲音→「大聲唸出來」

・使用雙手→「書寫」

運用五感學習較容易穩固記憶。

多默讀、多聽、多朗讀、多寫，更容易記住學習內容。

1 盡可能同時運用「五感」

同時運用各種感覺可以有效記憶，如果遇到必須背誦的內容，不妨採取以下方式：

- 用耳朵聆聽，大聲唸出來，用手寫下來。
- 用眼睛看，大聲朗讀，用手寫下來。

同時使用五感可讓大腦火力全開，增強記憶。專家認為同時運作的感覺器官愈多，學習內容就會被永久記住。

此外，《考上就靠心智圖》（萩原京二、近藤哲生／智富）主張視覺（Visual）、聽覺（Auditory）和身體感覺（Kinesthetic）可提高學習效率。

「身體感覺」指的是觸覺、壓力和體內的感覺（「心領神會」、「怦然心動」等）。

電影之所以令人印象深刻，是因為人看電影時同時運用了這三種感覺。

該書也列舉了這三種感覺的具體要素，建議讀者應多加運用，例如「**視覺**（Visual）」要素包括「**明亮度**」、「**色彩**」、「**深度**」、「**動作**」、「**對比**」。作者建議運用這些要素，有效記住相關資訊。具體而言，做筆記時「**使用彩色筆或螢光筆做筆記，創造視覺型筆記，效果更好**」。

2 鍛鍊「視覺記憶」

根據研討會講師園善博撰寫的《超速習法即戰力》（智富），假設要記住一連串數字，有兩種記憶方法。一種是「視覺記憶」，記住從眼睛吸收的資訊；另一種是「聽覺記憶」，記住從耳朵吸收的資訊。

兩種數字的記憶方式

- 使用「聽覺記憶」
  將數字化為內部言語（在心中默唸，不出聲的言語）。
- 使用「視覺記憶」
  「仔細盯著看」，利用意象記憶。

一般來說，人們較習慣使用「聽覺記憶」。園善博表示：「**『視覺記憶』愈強，愈容易以影像形式記住，也有助於鍛鍊『情節記憶』**。」還向讀者介紹「視覺記憶」的訓練方式（關於情節記憶，請參閱第一名解說內容）。

其中之一是「一點凝視法」，也就是盯著一點看的方法。重點在於提醒自己「盯著某物看」，建議每天做一次。

鍛鍊「視覺記憶」的「一點凝視法」視法」

①將書放在書桌上，翻開目錄頁。隨興盯著其中的一個數字二十秒。
②閉上眼睛回想該數字。
③利用想像力為②的數字上色，建議在學習前做此訓練。這個方法有助於開啟「學習模式」。

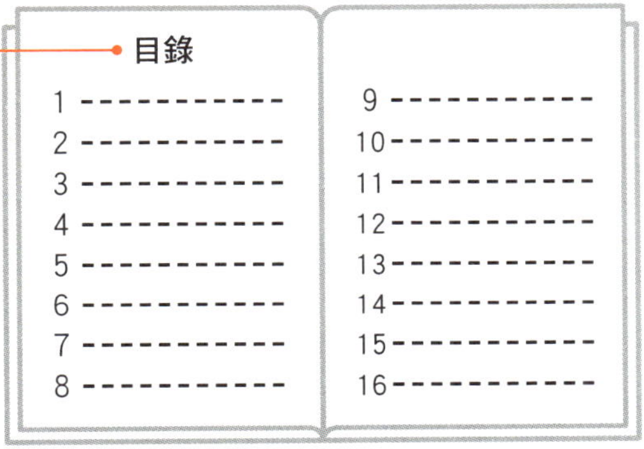

3 行程空檔就靠耳朵學習

利用搭乘客滿電車或散步等行程空檔，靠耳朵學習。戴上耳機，聆聽有聲書或錄音檔（關於零碎時間的運用方法，請參閱第六名解說內容）。

三年內考取九項證照的棚田健太郎在《制霸考場！一張紙最強記憶學習法》（財經傳訊）提出「耳學法」。這是**利用聲音，從耳朵學習題庫內容的學習方法**，共分成兩個階段。

利用聲音學習題庫的「耳學法」

階段①使用手機錄下自己大聲朗讀的題庫內容，重點在於說話速度要快一點。

⬇

階段②利用藍芽耳機聽錄音內容。如果使用單耳耳機，周遭的人向你搭話，你也能回應。

Column

「聰明」究竟是什麼狀態？

學習法暢銷書頻繁出現「聰明」這個關鍵字。話說回來，「聰明」究竟是什麼狀態？

「聰明」代表「記憶力好」、「想像力豐富」、「洞察力敏銳」、「大腦很靈活」、「具有思考力」、「考試分數很高」等，不只條件多，也顯現許多特質。閱讀一百本學習法暢銷書後，發現「無法以一句話定義或解釋『聰明』」、「『頭腦的好壞』沒有明確的判斷標準」。

一百本書的作者對於「聰明」都有自己的觀點、詮釋與定義。並非「所有人的想法都不一樣」，他們對於「聰明」也有共通的答案。

統整作者們的共通點，為以下三點：

一百本書作者認為「聰明」的共通點

①會讀書不代表聰明
②會用自己的頭腦思考
③能找出事物「本質」

①會讀書不代表聰明

考試分數或偏差值不是檢測聰明與否的標準。一百本書的作者認為學力不過是「聰明的一面」而已。

一個人之所以成績好，並非「具有天才的才華」，也不是因為「聰明」，而是因為「建立了適合自己的學習法」，「努力理解、記憶並輸出自己學到的知識」。明治大學教授齋藤孝指出，「在學成績優異」與「在社會活躍」是兩回事。

「不可諱言的，會讀書、學業成績佳確實是某個面向的『聰明』，不過，並非各位以為的『絕對值』。出社會之後的人生，需要『適應社會』的聰明度。」（《真正的「聰明」究竟是什麼？》誠文堂新光社）

另一方面，法學家山口真由指出「會讀書」只是聰明的標準之一。

她還認為「大家對於聰明人的想像並不一致」，並表示：

「說到最簡單又易懂的標準，『會讀書』確實是解答。儘管『會讀書』並不等同於『聰明』，卻是重要要素之一。」（《找對方法就能讀出高分！東大首席律師教你超高效率學習法》／台灣東販）

山口真由將學業成績當成聰明的評量標準，是因為「不是每個人都能記住學習到的知識」、「找到吸收消化知識的捷徑並加以實踐，才是真正的學習」。

從山口真由書中的前文後語，可以得知「聰明的人＝會讀書的人＝持續努力且嘗試錯誤的人」。

②會用自己的頭腦思考

「記住許多事物」、「擁有大量資訊」的價值正在逐漸降低。隨著網路發達，任何人都能立刻收集資訊。受到內容與性質的影響，有些資訊會隨著時間愈來愈陳舊，再也派不上用場。

我發現在變化激烈的時代，我們需要的不是擁有或記住大量資訊，而是「用自己的腦袋思考」、「擁有自己的意見」。

資訊和知識不過是思考的材料，不是我們自身的想法。「公布自己知道的事情」與「陳述自己的意見」是兩回事。

記者池上彰曾在《我們為什麼要學習？》（SB Creative）說道：

「我們不能完全信任大學課堂上使用的各種教材，而是要質疑『這個人真的如此主張嗎？』。這一點非常重要，我們要善用質疑，以自己的頭腦仔細驗證對方說的話是否正確。這才是學習的真諦。」

除了池上彰之外，還有許多作者將「思考力」、「思索力」視為「聰明」的條件。

商業顧問細谷功在《鍛鍊你的地頭力》（時報出版）中，將頭腦聰明的人分成三種：

（1）知識淵博型……記憶力很好，什麼都知道。
（2）機智型……溝通能力強，善於臨機應變。

（3）地頭力型……由於「思考能力」較強，解決問題的能力很高。

細谷功認為這三種能力都是「**職場上**（或日常生活中）**不可或缺的能力」，而且還說：「『地頭力』是在陌生領域解決問題的能力，環境變化很劇烈，過去的經驗不保證未來會成功，因此地頭力是現在最重要的能力。」**

③能找出事物「本質」

著作家西岡壱誠與哲學家小川仁志認為「能掌握事物本質的人」就是「頭腦聰明的人」。

洞察力敏銳，可迅速掌握事物本質的人很容易被公認為「頭腦聰明的人」。

「『本質思考』是本書最想寫的主題。原因很簡單，無論在何種定義下，只要深究就能斷言『頭腦聰明』的人具備高度的本質思考能力。（略）**本質只有一個重點，那就是『理解之後什麼都做得到』。擅長掌握本質的人，就是頭腦聰明之人。」**（西岡壱誠《東大生的強者思維特訓課》／商周出版）

「『頭腦聰明』指的是能掌握本質的人。無論是開會或上課，都能清楚掌握現在有什麼問題？現在在討論什麼議題？這就是掌握本質。」（小川仁志《用七天讓腦袋變靈光》／PHP研究所）

若你想知道掌握本質的思考方法或祕訣，不妨參考此處介紹的《用七天讓腦袋變靈光》（小川仁志／PHP研究所）、《東大生的強者思維特訓課》（西岡壱誠／商周出版）與《鍛鍊你的地頭力》（細谷功／時報出版）。

Part.3

進一步
提升記憶力的
「二十個祕訣」

排行榜第21～40名

No.21 輸入一定要輸出

Point

☑ 多花點時間在輸出而非輸入

學習分成「輸入」與「輸出」兩個步驟。

學習的兩個步驟

- 輸入

將知識儲存在腦中。

聽課、聽解說／讀參考書、讀教科書／上網收集資訊／背誦……

- 輸出

實際使用輸入（儲存）在腦中的知識。

解開問題／參加考試／傳授他人／發表……

「我明明拚命苦讀教科書或書籍，卻一直記不起來。」

「花了很多時間學習，卻遲遲沒有成效。」

若你有以上煩惱，很可能你的「輸出量」不夠。

「盡可能想起自己學過的知識並大量輸出」──這個做法不僅能鍛鍊記憶力，也更容易記住（回想起）學習內容。原因很簡單，輸出可以讓大腦覺得「這項資訊很重要」，必須長期保存（關於長期記憶，請參閱第一名解說內容）。

◆輸出的重要理由

- **記憶較容易穩固。**
- **再也不會發生「我以為我記住了，其實沒有」的情形。**
- **了解如何活用記住的知識。**
- **明白自己沒有確實輸入的地方。**

「人類運用知識分成『輸入（input）』和『輸出（output）』兩種，這兩種就像車子的兩個輪子。若欠缺其中之一，或其中之一過多過少，無法平衡，就很難得到好結果。」（山中惠美子《瞬讀》／SB Creative）

輸入與輸出兩者都很重要，清水章弘、河野玄斗、萩原京二、近藤哲二等許多作者都建議「重視輸出勝過輸入」、「多花時間在輸出而非輸入」。若換算成比例，以**「輸入：兩、三成」**、**「輸出：七、八成」**為基準。

No.22 巧妙運用「早上」與「夜晚」

Point

✓ 晚上以輸入為主，早上以輸出為主

各位可能認為晨型人在早上的學習效率較好，夜型人在夜晚的學習效率較好。

不過，早上和夜晚各有各的好處，也有各自適合的學習法。

早上與夜晚——適合各時段的學習內容

- 適合「早上」的學習內容

數學、理科、寫作問題、長文解讀、撰寫論文等，講究思考力和想像力的學習內容。複習前一晚的學習內容或輸出等。

- 適合「夜晚」的學習內容

英文單字、古文單字、歷史用語等需要背誦的學習內容。學習不太需要思考力的知識。

睡眠期間大腦會整理並儲存記憶，因此大家都說「睡前學習的知識較容易記住」。

有鑑於此，需要背誦的科目適合在夜晚學習（睡眠與記憶的關係，請參閱第八名解說內容）。

「在睡前儲存記憶，起床後立刻複習，就能讓知識穩固在腦中。學習不可或缺的『背誦』方法就是利用這個大腦機制，每天都在睡前執行。不妨將需要背誦的知識寫在卡片上，放在枕頭邊，養成『刷完牙就背誦』的習慣。」（本田直之《槓桿學習全攻略》／高寶）

巧妙運用早上和夜晚兩個時段，就能提升學習效率。

◆「早上念書」最適合準備考試

一百本學習法暢銷書中，出現了以下的意見：

「接近入學考試或證照考試的日期時，夜型人最好轉型為晨型人。」

「想像正式上場考試的場景，養成早上念書的習慣。」

「夜型人不只要在晚上學習，也要養成早上念書的習慣。」

作者們之所以提出上述建議，是因為入學考試或證照考試的時間，大多從早上（中午之前）開始。

事先養成從早上開始念書的習慣，考試當天就能充分發揮大腦作用。

No.23 及格與否取決於「題庫」的運用方法

Point

✓ 多做題庫，掌握出題方向

「既然以前出現過的題目不會再出第二次，應該沒必要做題庫吧？」

針對這個問題，一百本書的作者中，大多數認為「題庫很重要」。

題庫重要的理由有以下四個：

◆題庫很重要的四大理由

（1）了解出題方向

雖然同樣的問題不會出現第二次，但只要多做題庫就能掌握出題形式、出題範圍和題目的難易度。

（2）了解自己「不擅長」的領域

掌握自己的弱點和當下的實力。可以釐清「自己該多花時間在哪個領域」，或是明白「自己應該加強哪個科目」，較容易建立學習計畫。

（3）具有記憶穩固的效果

「解題」是一種輸出，持續重複輸出就能將輸入的知識轉變成「有用的知識」。

(4) 預演考試當天的情形

多做考試當天可能出現的類似題目，可以實際體驗考試時間有多長，了解自己的時間分配是否正確，了解考試的整個過程。

學習專家也介紹了題庫的運用法。

◆題庫的使用方法

・重複做過去的題目（題庫）

「可加深對於題目的理解」、「鞏固知識和建構解題法」、「不再碰運氣解題」……這些都是重複解題的好理由。

・先解題再看參考書

先做題庫可以幫助我們設想「到哪個時間點應該學哪些內容」，較容易建立學習計畫。

・剛開始不要解題而是看答案（解說）

「打開題庫，先從題目的解說欄看起，之後再看題目。（略）閱讀題目更能接受問題的解法。」（棚田健大郎《制霸考場！一張紙最強記憶學習法》／財經傳訊）

・從最近一年的題庫開始做起

只少拿到前五年的題庫，然後從最近一年的題庫做起。如此一來較容易掌握最新的出題方向。

No.24

結交互相刺激促進成長的夥伴

Point

✓ 結交「與自己同等」（或略高一等）的夥伴

尋找學習夥伴或良性競爭對手，不僅有利於準備考試或考證照，對於日常學習也很重要。

一百本書中，有些作者認為「不需要在相同時間、相同地點一起學習的夥伴」。儘管如此，作者們一致同意**「需要結交可以交換資訊、維持幹勁的學習夥伴」**。

與其自己默默努力，結交「與自己相同等級的夥伴」，或與「進度比自己快的同伴」互相教學成長，更能加快學習速度。

結交學習夥伴的好處有以下四點：

◆結交學習夥伴的好處

（1）維持幹勁

身邊有朝著相同目標邁進的夥伴，可以激勵自己努力成長。自己一個人默默學習，難免會遇到心情鬱悶的時候，此時若能與學習夥伴互相勉勵，就能緩解學習的孤獨感和不安感。

好的學習夥伴也是「好的競爭對手」。「我們一起考上」、「不想輸給對方」的心情，有助於維持學習幹勁。

「外人看起來意志堅定的人，通常都外掛一套維持意志的『支援系統』。（略）**人際關係能讓我們在外部獲得維持意志的立足之地。若擁有一起學習的夥伴，那是最理想的狀態。不過，如果你身邊有一位每天都會見面的人，每週寫下自己想實踐的計畫，拿給對方看，也能發揮相同效果。」**（讀書猿《獨學大全》／鑽石社）

（2）增加接觸資訊的機會

有夥伴在身邊，較容易獲得學習法、考試方向、推薦的參考書、最新消息等資訊。

（3）發揮強制力

有學習夥伴在旁邊盯著，可以降低偷懶不念書的風險。

（4）彼此出題，進一步理解學習內容

「彼此互相出題，確認理解程度，光是做到這一點就能大幅提升學習效果。不只是回答者，出題者也同樣受益。這是『教學相長』最簡單的實踐法。」（莊司雅彥《讀書，不要用蠻力》／商周出版）

No.25 有疑問「立刻」查出答案

Point

✔ 不懂的事情不要放著不管

遇到不懂、有疑問和感興趣的事情，一定要「立刻搜尋研究」。若以「待會再研究」的態度面對，通常就會忘記，不了了之。

趁著大腦對於不懂的事「記憶猶新」的時候搜尋研究，較容易留下記憶。此外，「用盡一切努力搜尋研究」、「向別人請益」等經驗會形成情節記憶（根據經驗留下的記憶，請參閱第一名解說內容），較容易鞏固記憶。

記者轡田隆史曾說：「**通常『之後再研究』的『之後』永遠沒有到來的一天。**」

據說轡田習慣在身邊擺放字典，方便有疑問時立刻調查。家裡只有廁所、浴室和洗手台沒放字典。

「我總是將字典放在伸手可及之處，如此一來，當我有任何想法或感到疑惑的時候，就能立刻查字典獲得解答。因此，身邊沒有字典會讓我感到困擾。就算我正在吃螃蟹，只要有需要，連手都不擦就立刻翻閱字典。我這麼做的原因很簡單，如果不立刻查字典，所有的想法或疑問就會馬上忘記。」（《建立「思考力」的書》／三笠書房）

「立刻搜尋研究」的重點主要有以下四點：

◆搜尋研究的重點

（1）如果沒辦法「立刻」搜尋研究，請寫在筆記本或便條紙上，避免忘記（事後一定要搜尋研究）。

「不只是讀書的時候，和別人說話或看電視時聽到自己不懂的單字，我一定會在事後查字典了解意思。（略）養成回家後立刻確認的習慣，無須強迫自己增加字彙量，也能自然學會新的詞彙。」（平野啟一郎《書的讀法》／PHP研究所）

（2）資訊每天都在更新，因此必須定期更新自己的資料庫，獲得最新資訊。

（3）資訊來源愈多愈好，包括網站、報紙、書籍、社群網站、口耳相傳、字典等（不過，必須先判斷資訊提供者的信賴度）。

（4）英文字典不只能確認單字的意思，還能參考例文與解說。

「除了查單字意思之外，其實字典的可讀性相當高。字典可查詢發音符號、重音，了解語源、意思的範圍和弦外之音，還能參照幾則例文，釐清該詞彙的使用方式與常用情境。」（白取春彥《獨學術》／麥田）

No.26 朗讀有助於提升記憶力

Point

✔ 反覆朗讀可刺激腦部

許多學習專家表示：「朗讀（出聲閱讀）的學習效果比默讀（無聲閱讀）高。」

「閱讀的時候唸出聲音來，可在腦內同時進行『讀』、『說』、『聽』等動作，有助於刺激額葉。（略）**利用朗讀刺激額葉，鍛鍊記憶力、專注力和注意力。」**（加藤紀子《寫給忙碌父母的育兒百事》／先覺）

東進升學補習班英文科講師安河內哲也也根據自身經驗，認證「朗讀的效果」。不只是英文，各個科目結合朗讀之後，結果發現在短期間內大幅提升學業成績。

朗讀時應注意以下七大重點：

◆朗讀的重點

（1）「站著朗讀之後，再坐著朗讀。」改變做法能持續給予大腦新的刺激。

（2）「一定要多做幾次」——雖然做的次數因人而異，但重點在於重複朗讀。朗讀一、兩次就停止，看不出效果（有些書籍提出重複朗讀「三十次」的標準）。

（3）早上朗讀可讓「輸入」→「資訊處理」→「輸出」的腦內連繫變得順暢，為大腦暖身。

（4）以「朗讀給別人聽」的感覺大聲唸出來，有助於活化腦部，還能提高朗讀效果。

（5）朗讀速度加快，大腦的運轉速度也會變快。
「我曾經向以『大腦訓練』聞名的川島隆太老師請教，快速朗讀可讓大腦運轉的速度變快，發揮訓練效果。」（齋藤孝《真正的「聰明」究竟是什麼？》／誠文堂新光社）

（6）朗讀英文文章時，若只是把單字唸出來一點意義也沒有。必須先正確理解英文文章的構造、單字意義和發音，沒有任何疑問後再朗讀。

（7）讓孩子朗讀時，千萬不可中途打斷。小學低年級的孩子朗讀時，就算唸錯、唸得結結巴巴，也要讓他唸到最後。朗讀結束後還要讚美孩子。

之後，家長再重新朗讀一遍，孩子自然能察覺自己唸錯的地方。

No.27 徹底打好「基礎」就能及格

Point

☑ 基礎題全部做完，就能解開應用題

「有紮實的基礎學力，自然具備應用能力。」

「若基礎不夠全面紮實，就無法處理刁鑽的題目和應用題。」

「只要基礎學力還在，及格不是難事。」

「一開始徹底打好基礎，之後的學習就很快。」

一百本書籍作者中，不少作者提及「基礎的重要性」。

教育活動家佐藤亮子對於「回歸基礎」的重要性，做出以下表示：

「各位可能不知道，無法順利解開大學入學考試題目的人，大部分在高中沒有打好學業基礎。（略）**當你不知道自己不知道什麼時，請先停止繼續學下去，從國中一年級上學期開始學起。」**

（《「從灘高中到東大理III」的三兄弟之母》／KADOKAWA）

坪田塾創辦人坪田信貴也說明：**「各位如果將目標設定得過高，就會想著趕快做難度較高的題目，最後導致失敗。建議從自己根本不想做的簡單內容，而且頁數較少的題庫做起。」**（《後段班辣妹應屆考上慶應大學的故事》／圓神）

基礎之所以重要，是基於以下原因：

◆基礎重要的原因

・「考試或測驗的題目，有五到六成是基礎題。」

➡**忽略基礎會錯失及格成績**（只要確實打好基礎，及格不是難事）。

・「應用題是結合基礎知識設計出來的。」

➡**打好基礎就能解應用題。**

話說回來，什麼是「打好基礎」？結論是：

・鉅細靡遺地記住教科書（入門書）**內容。**

・充分理解在學校上課時學習的基本知識、理論和概念。

日本猜謎節目常客伊澤拓司定義基礎如下：

「基礎就是『寫在教科書裡的所有內容』。以數學為例，包括寫在『例題』裡的所有事項；以歷史為例，就是各種詞彙與詞彙的意義和連結；以英文為例，就是千篇一律的單字和文法解說等。」

（《學習大全》／KADOKAWA）

充分理解教科書內容是準備考試的捷徑。

No.28 不要在意他人，專注於自己本身

Point

✓ 比較對象不是「身邊的人」，而是「過去的自己」

不要太在意別人的評價和分數，因為這會阻礙你的學習成效。

「不在意他人」具有兩種意義，分別是**「不在意他人成績」**與**「被他人否定也不在意」**。

①不在意他人成績

與別人相比，很容易覺得「自己的學習進度較慢」、「自己比不上別人」，於是喪失幹勁，產生自卑感或忌妒心。

比較對象不是水平而是垂直，不是身邊的人而是自己。

與身邊的人比較屬於**「水平比較」**，與過去的自己比較稱為**「垂直比較」**。與過去的自己比較，如果發現自己有所進步，大腦就會產生喜悅感。

在韓國大賣四十五萬本的超級暢銷書《每一天，只要比昨天多用功5分鐘就好》（朴成赫／聯經）中，也寫道：**「與自己競爭是讓自己成長的方法。」**

「將昨天的自己當成勁敵，以各方面都要超越昨天的自己為目標競爭。（略）**今天的自己只要戰勝昨天的自己即可。然後，明天的**

自己再超越今天的自己。如此一來，你就會比過去的自己成長一些，逐漸茁壯成為成熟的自己。」

明治大學教授齋藤孝也說：「**與別人比較頭腦好壞，一點意義也沒有。」**

「無論有多羨慕，你都不可能跟別人交換頭腦。你只能靠自己的腦袋過一生。與其有空羨慕別人，不如逐漸增加自己的『聰明狀態』。」（《真正的「聰明」究竟是什麼？》／誠文堂新光社）

②被他人否定也不在意

即使別人批評你「現在才念書根本來不及」、「你不可能考上」，也不要在意。別人怎麼想、周遭的人如何看你都不重要，**重要的是「你想成為什麼樣的自己」**。

朝著自己的目標逐漸累積自己做得到的事，這一點相當重要。馬可斯・奧理略的《沉思錄》（遠流）如此寫道：

「不去看鄰人說了什麼、做了什麼，或是在想什麼？只在意自己做的事，認為這麼做才正確、敬虔之人一定會能獲得更多空閒（略）**。朝目標勇往邁進，不要分心。」**

No.29 堅持就是力量，積少成多

Point

☑ 不要週末時一起做，應該每天做一點

重點在於每天做一點，積少成多。

一步步地累積自己「現在做得到的事」，未來就會開始慢慢改變。

沒有任何一蹴可幾的方法，只能腳踏實地地累積努力。即使花時間也不要放棄，「堅持就是力量」。

「即使一天只走一小步，持續一百天就能走得很遠。抓住訣竅後，就能加大步伐，走得更遠。」（博之《無敵的獨學術》／寶島社）

堅持學習的祕訣，主要有以下三個：

◆堅持學習的三大祕訣

（1）捨棄集中在週末的學習型態

猪俣武範醫師認為每天持續做很重要，有助於維持專注力。

「我不會在週末時集中學習，因為這樣的學習效果很差。（略）不要在週末才做重訓，鍛鍊肌肉，每天做的效果才好。學習也是一樣，不要只在週末學習，每天都要多少學一點。」（《不斷達成目標的成功者最強學習法》／Discover 21）

（2）短時間也可以

一百本書中，有些書認為「每天只閱讀三十秒也可以」。原因在於「三十秒的門檻很低，誰都可以持續下去」、「實務上不可能只讀三十秒就結束」。

記者轡田隆史認為積少成多是邁向速讀的捷徑，多讀一點書就對了。

「不是只有每天讀很多頁才叫多讀書，每天只讀兩、三頁也可以，重點是養成閱讀紙本的習慣，助益很大。不一定要讀書，每天讀報紙也很好。」（《建立「思考力」的書》／三笠書店）

（3）處理簡單的問題也沒關係

一開始就挑戰大魔王，一定會持續遇到自己不會、不懂的事，很容易感到挫折。

養成學習習慣，就從「自己做得到的事（難度較低的內容）」、「自己看得懂的知識」、「有興趣的事物」開始。

持續累積「成功解決」、「做到了」、「了解了」等經驗，才能讓學習更加輕鬆有趣。

No.30 改變飲食也能改變成績

Point

✓ 咖啡因具有提高記憶力的作用

一百本書中，有些書提及了食物、飲料、營養素與學習（記憶）之間的關係。許多研究結果顯示，改變飲食方式也能改變認知功能。

以下介紹部分學習專家實踐的飲食法。

◆學習專家的飲食法

・不攝取過量碳水化合物

攝取過多碳水化合物（拉麵、麵包、烏龍麵、米等），會讓人想睡覺。

・喝咖啡

除了咖啡之外，攝取日本茶、紅茶等含有咖啡因的飲料，可以減輕疲勞感、提高專注力。

攝取咖啡因時的兩大重點

①起床後至少九十分鐘才喝

一起床就攝取咖啡因，對於大腦的刺激太強。

②不要喝太多

有些書認為「不要一次喝超過兩罐罐裝咖啡」、「喝太多會有成癮性，減損咖啡因的效果」。

・地中海飲食有助於提升專注力

地中海飲食指的是義大利、希臘、西班牙等，地中海沿岸的傳統飲食文化。地中海沿岸盛產水果、蔬菜、全麥麵粉、豆類、馬鈴薯、堅果、橄欖油和魚類等食物，研究結果顯示，只要貫徹地中海飲食，就能提升大腦功能。

・不要飲酒過量

攝取太多酒精會使大腦的神經細胞受損。

・攝取Omega-3脂肪酸、維他命B1

報告顯示，「Omega-3脂肪酸」（DHA、EPA、ALA等）有助於提升大腦認知功能，改善記憶力。青背魚富含DHA、EPA，亞麻仁油、大豆油與核桃則含有ALA。

以解題方式促進記憶的「Monoxer」APP開發者畔柳圭佑闡述「維他命B1的重要性」：

「目前已知缺乏維他命B1會使海馬迴運作出現異常，讓人完全記不住新事物。（略）**豬肉、芝麻、黃豆、紅豆和糙米富含維他命B1。請務必提醒自己多多攝取維他命B1，避免不足。」**（《記憶是一種技能》／CrossMedia Publishing）

No.31 自掏腰包、捨得花錢

Point

✔ 花錢逼出自己的潛力

學習需要付出一定程度的教育費用（金錢）。

包括購買參考書、題庫、教養書籍的費用，以及參加講座、報名補習班的學費。

學習專家將這些費用視為「自我投資」，建議讀者不要吝惜這筆錢。

猪俣武範醫師認為：「**教育是最有效率的投資。投資在學習的金錢，未來可以回收好幾倍的報酬。捨得花錢學習，就當是投資未來的自己。**」（《不斷達成目標的成功者最強學習法》／Discover 21）

投資學習有以下三大好處：

◆投資學習的好處

（1）花錢逼出自己的潛力。

（2）提升幹勁。

（3）讓學到的知識和教養成為一生受用的學識。

《腦球　幹勁的祕密》（上大岡留、池谷裕二／幻冬舍）寫道：「自掏腰包能讓人認真看待。」

「免費或便宜事物的學習門檻較低，開始之後很容易半途而廢。我幾十年前接觸的『廣播英語會話』就是最好的例子。由於教材費用很低，沒學完不覺得可惜，所以我學到一半就放棄了。」

有專家認為多買書一定會遇到好書。

記者池上彰和作家佐藤優做了以下表示：

「池上（略）**遇到好書的祕訣只有一個，那就是『買很多書』。所以我的原則是『不知該不該買就是要買』。**

佐藤　我的原則也是『不知該不該買就是要買』。當然我也會買到不適合的書，即使如此，從書中得到的資訊『很便宜』，所以也不算浪費。」（《我們每天實踐的最強閱讀法》／東洋經濟新聞社）

不惜成本投資學習是很重要的概念。

不過，這不代表要亂花錢。

舉例來說，當我們決定要上補習班、報考學校或報名商業學院時，要花費一筆不小的錢。此時一定要花時間評估，慎重參考前輩和有經驗者的意見，做出最好的選擇。

不是什麼參考書都要買，參考書畢竟是學習關鍵，請謹慎挑選。（關於參考書選擇法，請參閱第十一名、第十八名解說內容）

No.32 考試時從會解的題目開始

Point

✔ 考試時一定要保留驗算時間

考試時一定要重視題目的難易度。考卷發下來之後，請先看過所有題目，從簡單的、自己解得開的題目做起。困難的題目要設定時限，時限內沒解開就放棄（代表這是你無法回答的題目）。

若拿到考卷就從第一題開始做，很容易花太多時間處理難題，反而無法做完所有題目。

此外，考試時一定要保留驗算與修正答案的時間。

日本搞笑雙人組東方收音機成員中田敦彥在《大合格》（KADOKAWA）中，針對「如果五個題目只剩最後一題沒做，卻已經到了驗算時間（最後十分鐘），此時該如何因應？」這個題目，做出以下回答：

「如果是我，我一定會放棄最後一題，仔細驗算與修正已經做好的前四題。（略）**沒必要拿滿分，解不開的題目就放棄。相反的，如果不驗算與修正，很可能錯失十拿九穩的題目。」**

好好處理自己解得開的題目，再加上驗算與修正，讓分數落袋為安才是重點。

話說回來，怎麼做才能提高驗算與修正答案的效率？

教育YouTuber葉一在解題目時，會加註以下符號：

「△：雖然寫了答案，但我沒有信心，對答案存疑。

×：真的太難了，糾纏下去很痛苦，這個題目我不懂。」（《在家學習強化書》／FOREST出版）

一邊標註符號，一邊解題，可以保留更多驗證時間，避免粗心的失誤。

關於驗算和修正時間，學習專家各有各的意見。有人認為「五到十分鐘」，也有人認為「盡可能多一點時間」、「考試時間的一成左右」。各位不妨在應試過程中，摸索出自己需要的時間。

統整考試時的步驟如下：

考試的步驟

①思考時間分配，保留驗算與修正時間。

↓

②看完所有題目。

↓

③判斷難易度。

↓

④從解得開的題目解起。

↓

⑤放棄解不開的題目。

↓

⑥驗算修正。

No.33 不一心多用

Point

設定優先順序，捨棄不需要做的事

學習時要專注在眼前事物上，不可一心多用。

所謂一心多用，指的是「同時處理複雜的作業和工作」。

為什麼學習不可一心多用？

根據腦科學的見解，**「人類的大腦一次只能做一件事」**。

大腦只能做一件事

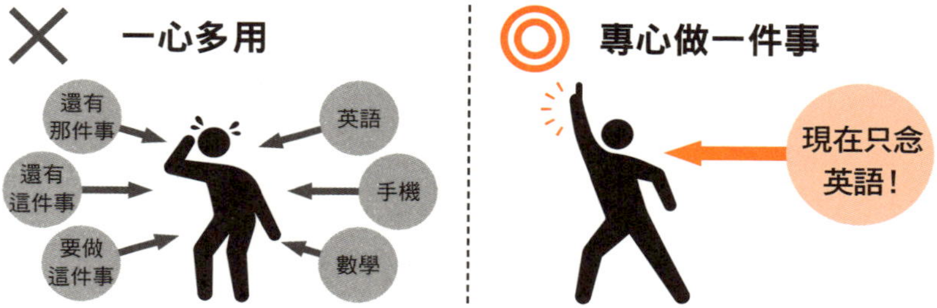

✕ 一心多用
還有那件事
還有這件事
要做這件事
英語
手機
數學
◎ 專心做一件事
現在只念英語！

同時處理兩件以上的事情，會使專注力渙散。

騎自行車不能講手機，也是因為講手機會使人分心，疏於注意前方道路的安全。

根據學習專家的說法，專注做眼前的事情，或是專心學習某一科目，可獲得以下好處：

（1）湧現幹勁

充分學習一件事可擴展自己的好奇心，擷取優點產生自信，進而湧現幹勁。

東進升學補習班英文科講師安河內哲也曾說：「**沒有學習幹勁時，若『急著學習每個領域』，就會感到愈來愈無力。遇到這種時候，不妨集中心力只學一科，有助於恢復幹勁。**」（《聰明人學習法》／中經出版）

（2）提升作業效率

研究證實若不專心處理一件事，反而要花更多時間達成目標。專心較能提升作業效率。

當待辦事項有好幾件的時候，請設定優先順序，從最優先事項依序做起。

如果是注意力容易渙散的人，該怎麼做才好？

實業家博之（西村博之）曾經表示，他做事時會清空環境，不讓其他事物吸引目光。他還說：「**我會清空工作的空間，不擺放多餘物品。**」（《無敵的獨學術》／寶島社）

No.34 什麼時候做？當然是現在！

Point

✓ 只有一點進度也沒關係，做就對了！

有時候會遇到東摸西摸、熱機很慢，花很多時間才真正進入工作狀態的情形。若剛好當天就是沒幹勁，更難專心學習。

然而，時間有限。無論在任何情況下，「立刻投入學習」相當重要。

以下是「立刻投入學習」的三大重點：

◆立刻投入學習的三大重點

（1）縮短進入工作狀態的前置作業

縮短進入工作狀態的前置作業，例如整理書桌、準備文具等。決定了「我現在要學習」就立刻投入學習。

「想學習的時候，只要立刻投入學習，並在開始學習的那一刻集中精神。我們生活在忙碌的現代社會，『瞬間集中法』是最有效的學習方式。」（茂木健一郎《大腦活用學習法》／PHP研究所）

（2）做就對了，只做一點也可以

「只要開始動作，原本不想做的人也會因為大腦伏隔核活化而湧現幹勁。」（本田直之《槓桿學習全攻略》／高寶）

這個情形稱為「勞動興奮」（由德國精神科學家埃米爾・克雷佩林〔Emil Kraepelin〕提出的理論），是補習班和學習指導班常用的理論。

實踐重點在於降低剛開始學習的門檻，以先做兩分鐘、五分鐘，或先做一點再說的態度輕鬆面對即可。

《獨學大全》（讀書猿／鑽石社）介紹了「兩分鐘啟動器」（2 minutes starter）的方法。

兩分鐘啟動器

①準備一個計時器，設定兩分鐘。
②啟動計時器，立刻開始動作。
③計時器響起就停止動作，在兩秒內決定「要不要在沒有時間限制的狀態下，繼續做同一件事」、「接下來的兩分鐘做另一件事」，或是「休息一下」。

（3）從簡單的事物開始學習

不要一開始就處理困難的題目，從簡單題目做起也很好。

舉例來說，利用單字卡背英文單字，從這類門檻較低的學習內容著手。

No.35 完成「比別人多的量」

Point

☑ 增加學習的作業量

儘管表現方式不同，但在學習法名著中，不少作品都提及了「完成量」的重要性。例如「解大量題目」、「比別人多練習幾小時」、「累積遠勝過別人的努力」、「學習沒有成果是因為學習量不夠」等。

全球矚目的心理學家安琪拉・達克沃斯（Angela Duckworth）教授，針對在英語單詞拼字大賽中頻頻勝出的學童們進行調查分析，發現以下共通點：

「他們究竟做了什麼，可以創下這麼好的成績？祕訣在於比別人多練習幾小時，盡可能參加各種拼字比賽，累積經驗。」（《恆毅力：人生成功的究極能力》／天下雜誌）

完成量的效果有以下三個：

◆完成量的效果

（1）明白哪些事對自己有益，哪些事對自己無益。
（2）持續專注。
（3）容易創造成果。

話說回來，該完成多少量才夠？

「一萬小時法則」指的是需要練習一萬小時，才能擁有世界等級的高超技術。簡單來說，**想成為佼佼者就必須努力一萬小時**。

這是記者麥爾坎．葛拉威爾（Malcolm Gladwell）提出的理論。

其他學習法名著也對學習量做出闡述，包括「遠勝於其他人的量」、「多到讓自己忙碌的程度」、「大量」、「壓倒性的量」等。最理想的學習量是第一名提及的「牢牢記住又能隨時想起來的狀態」。

筆者調查多家私塾、補習班、證照資訊網站後，發現能考上學校或證照的學習時間標準如下：

- **考上高中**（國中三年的學習時間）……**平日四小時、假日七小時**
- **考上大學**……**一天七小時**
- **考取司法人員資格**……**總計三千到一萬小時**

重點不在一定要花多少時間或完成多少學習量，依照自己的狀況每天持續學習，努力不懈的態度才是關鍵。

No.36 頻繁切換學習內容

Point

感到厭倦就學其他內容，效率更好

學習專家一致認為「不要一整天學習同一個科目或領域，設定不同時段學習不同內容，效率更好」。

一直學同樣的內容，大腦容易感到厭倦，降低專注力，也減損了產出量。

無論是國小、國中、高中或大學，每天各時段都會安排不同課程，不會一整天只學一科。

不同科目輪流學習是提升注意力的方法之一。

話說回來，如何組合不同領域的學習內容，才能創造最高的學習效率？儘管學習專家都同意「一整天應學習不同領域的知識」，但學習方法各有堅持。以下介紹其中三種：

◆結合不同領域的三種方法

（1）覺得累了就換科目

覺得累了或失去幹勁，就換一科學習。

「遇到這種情形，只要輪流學習理科（數學、理化）**和文科**（國語、社會、英文）**即可。處理風格截然不同的題目，有助於重振精神，讓腦袋煥然一新。」**（道山啟《親子一起學習　國中生學習大全》／主婦之友社）

也有學習專家建議，將知識分成需要記憶力的背誦類，和需要思考力的思索類兩種，輪流學習這兩類知識也很有效。

（2）每個小時換一科學習

不因為疲勞或沒幹勁才換科目，而是事先設定時間，有計畫地學習不同科目。

「舉例來說，背誦社會科內容一小時後，再算數學一小時；或是讀民法教材一小時後，再讀刑法問題一小時。利用這個方式，在做得到的範圍內，輪流學習性質各異的多個領域或科目。」（莊司雅彥《讀書，不要用蠻力》／商周出版）

（3）融合不同學習技巧

Mentalist DaiGo在《最短時間獲得最大成果的超效率學習法》（學研PLUS）中，介紹了「交叉」學習法。簡單來說，就是**「在一次的練習／學習期間內，交叉使用多個技巧的方法」**。以學英文為例，就是結合「書寫→文法→英聽」等方式學習。

重點在於**「鎖定三種學習技巧」**、**「平均分配時間」**、**「每段學習時間結束後一定要休息」**。例如：「書寫30分鐘→文法30分鐘→英聽30分鐘→休息」，採取這個方式，較容易提升學習成果。

No.37

正確掌握「自己的程度」

Point

☑ 如果學習跟不上進度，請回到自己已經理解的地方

大家都說稱讚的學習法不一定適合自己，這是因為每個人學力和具備的知識水準不同。**無論是學習或選參考書，都要配合自己的程度**。

如果你選擇超出自身程度的參考書會怎樣呢？

大學考試顧問松原一樹在《第一志願錄取！必勝學習法》（三悅文化）中提及：「**若參考書的難度高出自己的學力，翻閱內容一定看不懂。看不懂之後，就會覺得自己好笨，開始感到悲觀、沮喪、消極、失去幹勁。**」

學習時配合自己的程度要掌握以下兩大重點：

◆學習時配合自己程度的兩大重點

（1）當自己的程度很高時，要持續學習

自己喜歡的科目請盡情學習，無須配合周遭的學習進度，也不用降級，直接朝更高階的內容邁進即可。學得比同學夥伴快，可提升自己的幹勁。

（2）若跟不上書中內容，就回到自己看得懂的地方

身兼YouTuber與藝人身分的河野玄斗提及：**「學習進度落後時，不妨回到自己落後的起點，這個做法很重要。」**（《東大醫科生一次通過司法考試的最強讀書術：終身受用的反推式學習法》／台灣角川）

話說回來，學習的大前提是理解之前學過的內容，因此沒必要硬逼自己趕進度。

不只學習要配合自己的程度，選書也一樣。

記者立花隆在《我們的頭腦鍛鍊法》（立花隆、佐藤優／文藝春秋）表示：**「不要強迫自己讀與自己程度不符的書。無論是水準太低或水準太高的書，讀這些書只是浪費時間而已。時間就是金錢，不要以書籍價格當成閱讀與否的標準。」**

不管是學習法或書籍，若選擇自己無法理解的版本，只是浪費時間而已。

先掌握自己的學力程度，再選擇題庫或練習題教材，一定要配合自己的程度學習，這一點很重要。

No.38 不擅長才有「機會」

Point

☑ 了解自己不懂什麼

當我們遇到自己不擅長的科目，總是想辦法躲避學習，利用自己擅長的科目彌補分數，或是只學習自己喜歡的領域。

不過，學習專家一致認為「應該要認真學習自己不擅長的事物」、「不擅長的科目更要認真面對」。學習自己不擅長的事情有兩大好處：

◆學習不擅長事物的兩大好處

（1）克服自己不擅長的事物，培養整體能力。

（2）不擅長的科目才有成長空間（有成長的可能性）。

若是自己已拿到九十分的擅長科目，再怎麼努力用功，最多只能再拿到十分而已。

不過，如果是平時只考三十分的不擅長科目，最多可再拿七十分。最棒的是，只要好好學習基礎知識，就能在短時間提升成績。

克服不擅長事物時，要注意以下三大重點：

◆克服不擅長事物的三大重點

（1）思考是什麼阻止了自己前進。

（2）不要急著克服困難。

（3）找出自己不懂的地方。

明治大學教授齋藤孝在《真正的「聰明」究竟是什麼？》（誠文堂新光社）中，提及即使是立志考上私立大學文科學系，不擅長數學和理科的人，也不要忽視這些科目。

原因在於「**客觀冷靜看待事物的態度，正是建構數學和理科事物的概念**」。

抱持不氣餒的態度，才能克服自己不擅長的事物或弱點。

據說法學家山口真由剛開始當律師時頻頻犯錯，她不擅長寫書面資料，老是讓前輩用紅筆幫她修改。她在《找對方法就能讀出高分！東大首席律師教你超高效率學習法》（台灣東販）中，做出以下表示：

「**前輩幫我改那麼多錯誤，代表我有很多成長空間——自從我這麼想之後，很多事情我都能輕鬆面對。有自己做不到的事並非不好，但若是置之不理，讓自己永遠做不到，那就不行了。**」

唯一值得注意的是，如果學起來真的很痛苦，覺得無法克服，無須強迫自己突破，維持現狀也可以。

讓自己討厭學習，反而賠了夫人又折兵。

No.39 事先決定例行公事或「儀式」較容易集中精神

Point

☑ 學習前先做提升專注力的事情

事先決定投入學習或工作前的例行公事或「儀式」，較容易提升專注力。

腦科學家中野信子曾說：**「執行『儀式』可讓大腦做好學習準備，自然而然地提升效率。」**（《將全世界「聰明的人」做的事情整理成冊》／ascom）

「網球選手在擊球前，會將球往地上丟一定次數」、「決定好度過早晨的方式，例如早上起床時間、吃早餐的時間、地點和餐點內容等」……這些行為都是例行公事的一種。

這類例行公事和儀式有以下好處：

◆例行公事和儀式的好處

- **提升專注力。**
- **容易養成學習的習慣。**
- **開啟「開始學習！」的模式。**
- **提升大腦的運作效率。**

事先決定好學習前的例行公事和儀式，這一點很重要。決定時要注意以下兩大重點：

◆決定例行公事的兩大重點

（1）一定要遵循「做完例行公事就立刻投入學習」的原則

科學作家鈴木祐認為決定例行公事時，要注意以下重點：「①**一定要遵循『做完例行公事就立刻投入學習』的原則；②不斷重複已經決定好的順序。」他還說：「只要做到以上重點，無論學習任何內容都能看見成效。」**（《最高專注力》／三采）

（2）飲食和服裝較容易形成慣例

每個人在日常生活中需要做許多決定。有些決定做久了若形成慣例，可以避免浪費個人的意志力，有助於提升大腦的運作效率。

美國實業家戴夫・亞斯普雷認為「**飲食和服裝是最容易自動化的項目**」，而且還提出具體範例。

以服裝為例，戴夫・亞斯普雷衣櫃裡的「**上衣、褲子、外套、鞋子等單品，只有三到四件**（雙）」；他的飲食內容也很簡單，他表示：「**我鎖定五到六道全家都愛吃的菜餚，輪流做給家人吃。**」

（《防彈成功法則》／木馬文化）

No.40 適度的壓力可提升成果

Point

✓ 適度地限制自己

當學習遭遇瓶頸，或模擬考的成績不如預期，很多人會感到壓力。

若不處理壓力，有時確實會影響身心狀況，因此很多人認為「壓力有害身心，是不好的感覺」。

然而，根據某些學習法暢銷書的內容，**壓力並非全然不好，適度的壓力反而可以提升成果和專注力**。

腦科學家中野信子在《將全世界「聰明的人」做的事情整理成冊》（ascom）一書中，介紹了心理學基本法則「耶基斯—多德森定律」（Yerkes-Dodson's law）。

根據「耶基斯—多德森定律」，**當人面臨極大壓力，或持續感受到壓迫感，會導致記憶和知覺表現下降。不過，適度的壓力可充分展現學習成效**。

如果我們事先設定截止日，例如「〇月×日之前要完成報告」，通常都會表現出更高專注力，相信不少人有這樣的經驗。

「適度的壓力」可以提升學習表現。

此外，科學作家鈴木祐在《最高專注力》（三采）中表示，輕度的不舒適（對身心帶來輕度負荷的事物）有助於提升專注力。

「輕度不舒適」的具體範例包括「**忍著不喝自己喜歡的酒**」、「**用非慣用手控制滑鼠**」等。重點在於不舒適的程度要設定在「**成功率八到九成左右**」。

東京大學醫學部出身的小野田博一表示：「**為了學習，我忍著不做其他無關緊要的小事**（忍耐久了就能忍著不做瑣碎小事）。」（《十三歲起養成聰明頭腦的祕訣大全》／PHP研究所）

當你想停止學習，請再堅持五分鐘。

在沒做完今天的進度之前不吃點心。

將自己想記住的知識寫在紙條上，再將紙條貼在房間門口，記住了才准開門。

給自己適度的壓力，有助於鍛鍊專注力。

Column

向讀書專家學習「讀書的好處」與「學習法」

學習專家遍讀群書，也推薦大家讀書，因此「學習專家可說是讀書專家」。

以下統整一百本名著中，讀書專家多次推薦的「讀書的好處」與「學習法」。

不過，許多名著介紹的學習法之一「速讀」，筆者已列在第十六名。

①多讀書培養解讀力和教養，提升自己的價值

學習專家推薦讀書的理由和好處如下：

・培養文章力、國語力和解讀力

「寫文章和國文能力是學習與工作的基礎技能，讀書有助於鍛鍊這兩種技能。大量閱讀是培養上述能力的最快捷徑。」（茂木健一郎《大腦活用學習法》／PHP研究所）

・具備教養

「當我們具備的教養程度愈高深，愈能擁有自由思考的能力。唯有讀書才能實現這一點。」（小川仁志《用七天讓腦袋變靈光》／PHP研究所）

APU（立命館亞洲太平洋大學）校長、LIFENET生命保險株式會社創辦人出口治明在《書的使用方法》（KADOKAWA）中，認為「**從別人身上學習、從書籍中學習、從旅行中學習，是增加教養的唯一方法，還表示他的人生有五成是從書籍中學來的。**」

・讓頭腦變聰明

「**好的讀書方法能讓閱讀者的頭腦變聰明。如果你想學多個領域的專業知識，透過讀書自主學習也能達成目標。即使是現在，讀書仍然是我最有效的學習法。**」（小宮一慶《專為商務人士開設的讀書力養成講座》／Discover 21）

・提升自我價值

「寶地圖」、「魔法閱讀法」的提倡者望月俊孝在《魔法閱讀法》（楓葉社文化）中，提及導師教他最重要的觀念就是「**提升自己的價值**」，還說：「**最具代表性的做法是『讀書』、『學習』，並將其應用在人生之中。**」

②讀書時要不要畫線標註重點？

有些人讀書會在重點處畫線，一目了然；也有人不想弄髒書籍，不願意在書中畫線。

讀書專家對於這一點則是意見分歧。

・畫線派

主張「**不知該如何解讀時先畫線再說**」的山口周提及畫底線的三大重點：「**之後可以參考的有趣事實、從有趣事實學到的洞察與啟發，以及從洞察與啟發獲得的行動方針。**」（《斜槓時代的高效閱讀法》／采實文化）

「養成在重點處畫線或標註符號的習慣，可幫助我們加強理解內容。閱讀艱深書籍時，這一招特別有效。」（平野啟一郎《書的讀法》／PHP研究所）

除了重點處之外，平野啟一郎也會在幫助理解理論結構的接續詞標註符號。

白取春彥的《獨學術》（麥田）被譽為哲學與宗教的啟蒙書，此書對於在文章段落旁畫線的意義與效用，列出以下四點：

（1）突顯重點。

（2）突顯獨特主張的要點。

（3）標註疑問和問題點。

（4）增添視覺印象並加強記憶。

・不畫線派

前方介紹的出口治明在同一本著作中寫道：「**我從未在書中畫線、用麥克筆標註符號，或貼便條紙。**（略）**覺得有道理的內容即使不用特別寫出來，也能印象深刻。**」

・第二次、第三次閱讀才畫線派

「不要第一次閱讀時畫線。」（《東大教授教導的自學學習法》柳川範之／草思社）

原因在於畫了線之後，第二次閱讀時就不知道哪裡才是重點。如果真想畫線，請在第二次、第三次閱讀時，標示出「自己感興趣的部分」即可。

要不要畫線沒有正確答案，各位不妨參考專家意見，再用適合自己的方法輸入知識。

③閱讀時抱持疑問，提出質疑。

不少學習專家認為讀書時不要只用眼睛看，心中抱持著「疑問」、「質疑」、「目標意識」、「提問」的想法閱讀，才是好的學習法。

心中抱持著「疑問」、「質疑」、「目標意識」、「提問」的想法閱讀，有以下三大好處：

（1）容易讀進去。

（2）容易記住。

（3）發現作者想法的錯誤。

莫蒂默・傑爾姆・阿德勒（Mortimer Jerome Adler）與查爾斯・范多倫（Charles Van Doren）在《如何閱讀一本書》（講談社）中，提及閱讀時提出質疑是積極讀書的表現，還列出以下四個問題：

（1）整體而言，這本書的主題是什麼？

（2）這本書以什麼方式詳細說明了哪些主題？

（3）整體而言，這本書的內容是事實嗎？或者哪個部分是真的？

（4）這本書的主題有哪些意義？

「從『為什麼會這樣呢？』、『結果是否如此演變？』的角度提出質疑，輸入書中內容以找到答案。這個做法不只能讓人享受吸收知識的過程，還能提高學習效率和記憶鞏固率，最後得以累積更豐富的知識庫存量。」（山口周《斜槓時代的高效閱讀法》／采實文化）

「可以加上作者解說或意見的非小說書籍，一定要帶著批判的眼光閱讀。因為我們都不知道作者的主張是否正確。」（水上颯《東大最強頭腦傳授　鍛鍊大腦的五大習慣》／三笠書房）

請各位心中也要抱持著「疑問」、「質疑」、「目標意識」、「提問」的想法閱讀本書。

附錄 1

首先了解「學習機制」

許多介紹學習法和知識輸入法的名著都提及必須先理解人類大腦的學習機制，再選擇最佳學習法的重要性。「人類如何記憶？」、「人在什麼時候可以集中精神，什麼時候感到精神渙散？」、「怎麼做才能湧現堅持下去的幹勁？」、「如何保持學習欲望？」——這些就是學習機制的具體內容。

事先理解學習機制，就能在不增加時間心力的狀況下，提升學習效率。為了更有效運用本書，建議各位先閱讀與「學習機制」有關的章節。

有助於理解「人類學習機制」的章節

No.1	不斷複習
No.3	善用「休息」時間提升學習「品質」
No.4	犒賞自己，活化多巴胺
No.8	不要熬夜，好好睡覺
No.12	對學習對象「感興趣」
No.21	輸入一定要輸出
No.34	什麼時候做？當然是現在！
No.40	適度的壓力可提升成果

第一名介紹的記憶機制，除了Part.1的Column闡述了相關內容之外，「第十四名　說給別人聽可加強記憶」、「第十九名　利用運動鍛鍊大腦」、「第二十六名　朗讀有助於提升記憶力」也都值得參考。

了解「學習機制」不僅有利於自己的學習，在幫助身邊的人（小孩或部屬等）學習時也很有用。請務必充分活用。

附錄 2

依照學習階段整理
「一百本學習法暢銷書」的重點！

本書廣泛收集了介紹學習法和知識輸入法暢銷書，並分析相關內容。從一百本書內容統整的排行榜依照重要性進行排名，每一項都是廣義的「優質學習」靈感來源。只要從第一名依序實踐，任何人都能有效率地學習知識。

另一方面，本書排行榜並非「學習步驟」，也不是「根據時間軸的學習順序」。

簡單來說，排名與「準備階段的重點」、「學習時的注意重點」、「考試關鍵」、「平時怎麼做才能提高大腦能力」等順序無關。

有鑑於此，附錄2將學習分成六個階段，統整有利於各階段的章節，幫助各位活用本書。

學習的六個階段分別是：

①學習前的準備

②學習期間的重點

③休息與轉換心情

④學習後與複習

⑤考試期間

⑥做好心理準備、提升思考力與記憶力等大腦能力

一起來看詳細內容吧！

階段①　學習前的準備

No.2	**釐清「目的」與「目標」**
No.5	**從目標往回推算建立計畫**
No.7	**打造「容易集中精神的空間」**
No.10	**學習的基本是「向他人學習」**
No.18	**從輕鬆易讀的參考書、入門書看起**
No.39	**事先決定例行公事或「儀式」較容易集中精神**

在翻開參考書和筆記本之前，或是在上學之前，請先參考以上章節。確實做好目標設定與計畫、選擇要從人身上學習或從書本學習等方法、選擇參考書、打造適合學習的環境，是順利學習的第一步。

當你要處理工作或學習技術，完成與「學習」無關的任務，也很適合參考此階段統整的內容。

階段② 學習期間的重點

No.9	寫筆記時要注意「活用性」
No.11	「理解內容」勝過速度和硬背
No.15	不要執著「不適合的做法」
No.16	學會速讀技巧
No.17	設定時限可提高集中力與記憶力
No.20	啟動「五感」學習
No.23	及格與否取決於「題庫」的運用方法
No.25	有疑問「立刻」查出答案
No.26	朗讀有助於提升記憶力
No.27	徹底打好「基礎」就能及格
No.33	不一心多用
No.34	什麼時候做？當然是現在！
No.35	完成「比別人多的量」
No.39	正確掌握「自己的程度」

接著是學習期間一定要注意的重點。以上內容介紹了讓人更加專注且有效記憶的方法，這也是考試順利的最短捷徑。此階段的章節可說是進一步發揮腦力的關鍵。

同時實踐所有內容並不容易，各位請務必放棄不適合的方法，找出可以提升自己學習品質的重點。

階段③　休息與轉換心情

No.3	善用「休息」時間提升學習「品質」
No.8	不要熬夜，好好睡覺
No.22	巧妙運用「早上」與「夜晚」
No.36	頻繁切換學習內容

休息與轉換心情是優質學習不可或缺的關鍵。尤其是考試前夕，遇到緊要關頭的時候更要注意。不要為了想提升成績就熬夜念書，或是一直坐在書桌前讀書，犧牲休息與轉換心情的時間，這個做法反而會降低學習效率。

當你要處理工作或學習技術，完成與「學習」無關的任務，也很適合參考此階段統整的內容。

階段④　學習後與複習

No.1	不斷複習
No.4	犒賞自己，活化多巴胺
No.13	失敗也不可過度反省

No.14	「說給別人聽」可加強記憶
No.21	輸入一定要輸出
No.38	不擅長才有「機會」

有效學習的關鍵在於，不要一直學習。複習與適度的報酬，有助於提升學習品質。

若是幫助孩子學習的家長，請務必參考此處統整的內容。詢問孩子今天念哪一科，稱讚他努力的過程而非能力，就能提升孩子的學習欲望。

階段⑤　考試期間

No.32	考試時從會解的題目開始

四十項重點中，只有一項可在考試期間運用。從會解的問題開始，不會解的問題果斷跳過。這是充分發揮實力的關鍵，請務必謹記在心。

階段⑥　做好心理準備、提升思考力與記憶力等大腦能力

No.6	善用零碎時間
No.12	對學習對象感「興趣」
No.19	利用「運動」鍛鍊大腦
No.24	結交互相刺激促進成長的夥伴
No.28	不要在意他人，專注於自己本身
No.29	堅持就是力量，積少成多
No.30	改變飲食也能改變成績
No.31	自掏腰包、捨得花錢
No.40	適度的壓力可提升成果

最後是有助於做好心理準備、提升思考力與記憶力等大腦能力的祕訣，以及可以提升學習品質的日常習慣。

「怎麼做才能更認真學習」、「如何有效利用日常時間」、「如何提高大腦的運作效率」——思考以上問題並付諸行動，就能從同樣的學習內容獲得更多知識。

附錄 3

讀書是人生最棒的學習

本書重點是以「學習法」為主題，統整相關暢銷書製成排行榜介紹給讀者，因此排行榜內並未列入「勤讀書」、「多閱讀」這類「人生的學習」概念。

話說回來，許多書都提及「閱讀的重要性」。無論幾歲，書都是我們持續學習成長的重要夥伴。

若是對閱讀感興趣或有專注的主題，只要閱讀群書即可，可惜時間有限，不可能真的看完所有的書。

池上彰、小川仁志、轡田隆史、小宮一慶、佐藤優、立花隆、出口治明、平野啟一郎、水上颯、望月俊孝、山口周、吉本隆明等作者，也在著作中介紹「他們讀過的書」或「推薦書籍」。這一節筆者將從中選出多位作者皆推薦的書籍，製成推薦清單。

四人推薦

書名	《聖經》
重點介紹與評論	對善與惡產生質疑時，不妨讀聖經。即使相信神，做善事，遇到不好的事情時，內心還是會很痛。（吉本隆明） 這是理解猶太人和基督教世界內在理論的必讀書籍。（佐藤優）
主要出版社	聖經資源中心等

三人推薦

書名	《尼各馬可倫理學》
作者	亞里斯多德

重點介紹與評論	徹底思考什麼是幸福、什麼是善、什麼是好好活著的經典代表作。（出口治明）
主要出版社	五南

書名	《新教倫理與資本主義精神》
作者	馬克斯・韋伯

重點介紹與評論	新教徒較多的地區繳稅額較高，亦即賺得較多。這是一本從職業觀、倫理觀探究其本質的書籍。（小宮一慶）
主要出版社	左岸文化

書名	《論永久和平》
作者	康德

重點介紹與評論	這是一本任何人都該看的書，因為建構世界和平是十分必要的事情。康德的這本書有建構世界和平時，最堅實的原點。（立花隆）
主要出版社	岩波書店、集英社等

書名	《羅馬人的故事X：條條大道通羅馬》
作者	鹽野七生

重點介紹與評論	學習領導力時，凱撒大帝是最好的教材。鹽野七生在這本書收錄了凱撒傳。（出口治明）
主要出版社	三民

書名	《論讀書》(Über Lesen und Bücher)
作者	叔本華

重點介紹與評論	錯誤的學習法很可能愈讀愈笨，叔本華是明確指出這一點的人。本書徹底地探究讀書功過的「過」。（山口周）
主要出版社	岩波書店、光文社等

書名	《談談方法》
作者	笛卡兒

重點介紹與評論	與其讀一些十年後就忘記裡面寫什麼的淺薄商業書，不如讀這本內容很硬的書，絕對能鍛鍊出紮實的思考力。（出口治明）
主要出版社	五南

書名	《卡拉馬助夫兄弟們》
作者	杜斯妥也夫斯基

重點介紹與評論	協助第一位登上聖母峰的艾德蒙・希拉里爵士（Sir Edmund Hillary）完成壯舉的威爾弗里德・諾伊斯（Wilfrid Noyce），在該次遠征之旅讀的就是這本書。他在與嚴酷的自然環境搏鬥期間仍書不離手，深入思索各種議題。由此可看出其純粹喜歡讀書的態度。（轡田隆史）
主要出版社	桂冠

書名	《思想錄》
作者	帕斯卡

重點介紹與評論	（對名言的看法）這個世上充滿危險是很正常的事情，若過於戒慎恐懼，什麼事也辦不到。（小川仁志）
主要出版社	五南

書名	《中世紀的秋天》
作者	約翰・惠津加

重點介紹與評論	喜悅和悲傷這類每個人應該都相同的內心悸動，也會隨著時代演變不同。知悉異質性的存在也很重要。（鑾田隆史）
主要出版社	中央公論新社

書名	《君王論》
作者	尼可洛・馬基維利

重點介紹與評論	談論領導力的超級古典作品。閱讀是讀者與作者一對一的對話，也是與偉人精英的對話。（出口治明）
主要出版社	臺灣商務、暖暖書屋、五南等

書名	《資本論》
作者	卡爾・馬克思（著）、弗里德里希・恩格斯（編）

重點介紹與評論	不了解《資本論》闡述的勞動力商品化理論，就無法理解現代世界。深諳《資本論》的理論，就知道資本主義社會的內在理論有其極限。（佐藤優）
主要出版社	聯經

書名	《社會契約論》
作者	讓－雅克・盧梭

重點介紹與評論	（對名言的看法）這句話的意思是，人出生時應該是自由的，卻在不知不覺間受到各種規則約束，失去自由。以象徵的手法表現出人本該是自由的意念。（小川仁志）
主要出版社	五南

兩人推薦

書名	作者	主要出版社
《世界名著》系列		中央公論新社
《論語》		五南
《新約聖經》		日本聖經協會等
《古蘭經》		岩波書店
《古今和歌集》		黑體文化
《論幸福》	阿蘭	麥田
《邏輯哲學論》	路德維希．維根斯坦	岩波書店、光文社
《以政治為志業》	馬克斯．韋伯	暖暖書屋
《世界體系理論》	伊曼紐爾．華勒斯坦	名古屋大學出版會
《世界十五大哲學》	大井正、寺澤恒信	PHP研究所
《1984》	喬治．歐威爾	尖端
《純粹理性批判》	康德	五南
《科學革命的結構》	孔恩	遠流
《「粹」的構造》	九鬼周造	聯經
《就業、利息和貨幣通論》	凱恩斯	如是文化
《社會心理學講義》	小坂井敏晶	筑摩書房
《實用主義》	威廉．詹姆斯	立緒
《史記列傳》	司馬遷	岩波書店、筑摩書房等
《坂上之雲》	司馬遼太郎	文藝春秋
《新左翼與失落的一代》	鈴木英生	集英社
《倫理學》	巴魯赫．史賓諾沙	岩波書店

書名	作者	主要出版社
《伊底帕斯王》	索發克里斯	桂冠
《物種起源》	達爾文	臺灣商務
《悲之器》	高橋和巳	河出書房新社
《神曲》	但丁	九歌
《自私的基因》	理查・道金斯	天下文化
《罪與罰》	杜斯妥也夫斯基	遠景、桂冠
《失敗的本質》	戸部良一、寺本義也	致良
《中原中也詩集》	中原中也	新潮社、 KADOKAWA等
《我是貓》	夏目漱石	野人、大牌出版等
《少爺》	夏目漱石	野人、笛藤等
《心》	夏目漱石	野人、大牌出版等
《查拉圖斯特拉如是說》	尼采	大家出版、五南等
《善惡的彼岸》	尼采	水牛、布拉格文創社等
《存在與時間》	海德格	筑摩書房、 中央公論新社等
《會飲篇》	柏拉圖	左岸文化、五南等
《理想國》	柏拉圖	聯經、華志文化等
《費德魯斯篇》	柏拉圖	岩波書店
《逃避自由》	埃里希・佛洛姆	木馬文化
《希羅多德歷史 —— 希臘波斯戰爭史》	希羅多德	臺灣商務
《第二性》	西蒙・波娃	貓頭鷹
《一八四四年經濟學哲學 手稿》	卡爾・馬克思	暖暖書屋

書名	作者	主要出版社
《德意志意識形態》	卡爾・馬克思、 弗里德里希・恩格斯	岩波書店
《共產黨宣言》	卡爾・馬克思、 弗里德里希・恩格斯	麥田、五南等
《金閣寺》	三島由紀夫	木馬文化、大牌出版等
《中國古典名言事典》	諸橋轍次	講談社
《傻瓜的圍牆》	養老孟司	一起來出版
《你想活出怎樣的人生？》	吉野源三郎	先覺
《單子論》	萊布尼茲	五南
《帝國主義是資本主義的最高階段》	列寧	岩波書店
《雙螺旋：發現DNA結構的故事》	詹姆斯・杜威・華生	講談社

結語①

依個人想法「將『一百本學習法暢銷書』重點整理成一篇文章」

藤吉豐

本書是將「一百本學習法暢銷書」介紹的知識技能、學習技巧和心理準備整理成冊。

篩選每本書的內容，找出共通點並條列出來。再使用表格計算軟體統計排名。

基於事實完成統整作業，為了確保客觀性，我們並未提及「藤吉與小川從一百本書學到什麼」。

因此，我想藉著這個機會與各位分享，我從一百本書中學到的收穫。接下來是根據個人想法，將「一百本學習法暢銷書」的重點整理成一篇文章。

◆結論：找出「適合自己的學習法」才是捷徑

若將一百本書介紹的學習法重點整理成一篇文章，結果應該如下：

「確定目標後，嘗試各種基於記憶機制發明的方法，找出適合自己的學習法。」

・「確定目標」

抱持著「不知道為什麼，我就是想學」、「總有一天我會完成某某目標」這樣的態度，無法維持學習幹勁。唯有釐清學習目的，才能在有限時間有效學習。

・「嘗試基於記憶機制發明的方法」

隨著腦科學（研究腦功能的學問）的發展，專家逐漸解開記憶機制。學習時不可囫圇吞棗，採用基於腦科學開發的學習法才是重點。

想讓學習內容成為長期記憶，留存在腦海裡，必須採取適合記憶機制的方法。

・「找出適合自己的學習法」

一百本暢銷書介紹的每一項學習法，都是「經過親身實踐，確實有效的學習法」，或是「根據記憶機制特性開發的學習法」，效果值得期待。

然而，這個世界上不存在所有人都有效的完美學習法。腦的基本機制所有人都一樣，但每個人適合的方法不同，原因在於每個人擅長的領域不同。

無論是「湧現幹勁的契機」、「複習的次數」、「基礎知識的程度」、「學習時間」與「生活型態」，每個人都不一樣。因此，建立適合自己的學習法顯得格外重要。各位不妨從大家做過有效，以及根據記憶機制特性開發出的學習法中，嘗試幾種方法。覺得不適合就繼續試下一個，也能加以變化，調整出適合自己的學習習慣。

秉持「適合別人的學習法不見得適合自己」的觀念，不斷嘗試錯誤的態度很重要。

◆為什麼人需要學習？

閱讀比較一百本書，也會看到專家們對於學習法的不同意見（對立意見）。

舉例來說，有些作者認為「玩諧音哏沒意義」，有些作者主張「玩諧音哏有其道理」。

有人認為「要好打造學習環境」，也有人覺得「不用特別營造學習環境」。

有些書提議「應做好學習計畫」，也有其他書建議「不要受限於計畫內容，學自己想學的領域即可」。

每位作者都有自己的見解，我們也能從他們建議的學習方法看出差異。不過，有一個一百本暢銷書全都認同的重點，那就是「學習有助於人生」。

即使文中沒有直接說出「學習很有用」，但一百本書的作者，每一位都表示「學習有助於人生」、「學習比較好」。正因如此，他們才撰寫與學習法有關的書籍。

話說回來，為什麼學習很重要？學習究竟能幫助我們什麼？

我從一百本書中得到的關鍵字是**「擴展」**（**變得寬廣**）。

「學習可以擴展自己會的事情。」

「有教養的人可擴展知識領域。」

「學會原本不會的事情，可讓眼界變得寬廣。」

「擴展未來的選項與可能性。」

「和參與考試的夥伴一起學習，可擴展人際關係。」

總而言之，學習的目的就是「打開自己的未來」。

・人為什麼要學習？

↓

「為了打開自己的未來。」

・該如何學習？

↓

「確定目標後，嘗試各種基於記憶機制發明的方法，找出適合自己的學習法。」

以上就是我讀了一百本書後的結論。

衷心希望本書能幫助各位讀者「就此打開自己的人生」，這是身為作者最大的榮幸。

結語②

一定沒問題

小川真理子

我念小學的時候，家附近新開了一間區營圖書館。

自然光從大片窗戶照射至館內，維持舒適的室溫。館內十分安靜，擺放的沙發不會太硬也不會太軟。每本書都是新的，看起來整潔明亮。

一走進圖書館，就能聞到新書的味道，總讓我感覺「光是呼吸就能變聰明」（笑）。

我第一次去就深深喜歡上那座圖書館。

我會去那兒讀童書，游泳過後也會去那裡納涼，偶爾躲在柱子後面睡午覺，圖書館可說是我最常去的地方。

準備大學入學考時，我每天都到那座圖書館念書。我在那裡認識了五、六名同樣報考大學的同齡高中生與補習班學生，愈聊愈投緣，後來我們便一起用功備考。

我們會互相交換資訊，例如「這本參考書淺顯易懂」、「那本題庫好難」等。或是分享模擬考的結果，考得比上次好就一起開心，考得很差就一起難過。有時我們也會彼此分享學習到的知識，教學相長，互相切磋。

正因為有這一段經歷，我最後才能考上大學。

第二十四名結交互相刺激促進成長的夥伴，可說是本書介紹的學習法中，最具深意的。

有些人必須自己一個人學習才能專心，但我屬於有同伴一起學習才能提升成效的人。

我一個人獨處時也會讀書，但身邊有人一起努力，能讓我更有勇氣堅持下去。

有時候學習夥伴的一句「一定沒問題」、「不用擔心」，足以鼓勵我克服困難，勇往直前。

除了自己之外，能擁有一群優秀認真的學習夥伴，是十分幸運的事情。他們能推我一把，讓我的成績愈來愈好（笑）。

◆無論幾歲，學習都是快樂的事情

話說回來，「文道」是我們基於「想要傳達寫作法和語言的重要性」之理念成立的公司。

我既是一名作家，也經營文道，身兼兩份工作。近來，我有愈來愈多機會站在眾人面前說話。

我天生的個性很害怕在眾人面前說話，但開設寫作講座，還要教人寫作技巧，讓我無法以這一點作為逃避的藉口。

我還報名「說話教室」，希望能讓更多人聽到我想傳達的主張。後來，我發現我很喜歡從他人身上學習，這堂課也很適合我。

說話教室的老師找出我從未察覺的說話習慣，也指出我的用字遣詞太艱澀，別人不容易聽懂。我一一修正老師指出的問題，一步步往前走。

無論年紀多大，當我們學習事物感到進步時，一定會很開心。

全球注目的電影《在車上》的原著作者村上春樹，在其出道作品《聽風的歌》（時報出版）提及：

「只要能夠繼續秉持從任何事物都能學到一點東西的態度，年老或許並不怎麼痛苦。」

我深深覺得村上春樹說得太好了。

◆ 一切都會沒問題的！

言歸正傳，來談談這本書吧！

本書介紹了幾則學習專家當初備考的小故事。事實上，一百本學習法暢銷書中，記錄了許多學習小故事或成功考取的個人經歷。

無奈礙於篇幅的關係，我們只能介紹其中極少的一部分。

許多學習專家建議閱讀成功人士的自傳。

為了如實傳達學習專家的精髓，本書也引用許多範例。從下一頁起，我們將列出這次的參考書籍清單。

各位如果發現自己感興趣的作品，請務必買（借）來看，一定能幫助各位加強學習效果。

最後，目前正在準備大學入學考或證照考試的人、今後想要學習特定事物的人，我衷心為各位祈禱，希望各位能實現目標。

與此同時，儘管接下來要說的話和上一段的內容相左，但無論結果如何，我也希望各位能享受新的開始。

明治大學教授齋藤孝曾說：「**只要能說出『這是在既有選項中，自己能做出的最好選擇』，或是『我已經盡力了』，相信很少有人會對結果感到後悔。在未來的時代裡，『切換力』將愈來愈重要，因為這將成為一個人的『生存力』。**」（《真正的「聰明」究竟是什麼？》／誠文堂新光社）

無論結果如何，都存在著無數的選項。我堅信只要再次踏出步伐，一切都會沒問題的。

本書參考的一百本名著

本書收集並調查了滿足下列所有條件的書籍。

・以「學習法」、「自學」、「記憶法」、「學習法」、「鍛鍊頭腦」等，與學習、輸入知識、提升智力有關的書籍。
・「平成元年（一九八九年）以後」出版的紙本書和在電子媒體刊登的電子書。因為「學習型態與內容」可能隨著時代改變。
・「暢銷」與「長銷」書。根據銷售數量與書籍評價遴選，以統整出更多人能接受的原則。

不過，即使沒有滿足上述條件，也會根據書籍影響力的大小，審核以下作品：

・昭和以前出版的書籍，平成元年以後仍被公認為暢銷書與長銷書，躋身「年度暢銷書」排行榜的書籍。平成元年以後推出修訂版的書籍。
・新冠疫情爆發以後暴增的在家學習相關書籍。
・記載名留青史的偉人（馬可斯．奧理略、福澤諭吉等）如何運用時間與如何學習的書籍。

書籍清單（排序無關先後）

1《增強記憶力　最新腦科學告訴我們的記憶機制與鍛鍊法》池谷裕二／講談社
2《最強腦「手機腦」韓森老師的特別授課》安德斯．韓森（著）、久山葉子（譯）／新潮社
3《東大醫科生一次通過司法考試的最強讀書術：終身受用的反推式學習法》河野玄斗／台灣角川
4《藉由『陽炎眩亂』了解國中生學習法多有趣的書》Jin（自然之敵P）（原作）、ASAHIMACHI（漫畫．插圖）、清水章弘（審訂）／KADOKAWA
5《考上就靠心智圖：公職．升學．就業．證照》萩原京二、近藤哲生／智富
6《最短時間獲得最大成果的超效率學習法》Mentalist DaiGo／學研PLUS
7《讀書，不要用蠻力》莊司雅彥／商周出版
8《心智魔法師：大腦使用手冊》東尼．博贊／耶魯
9《在家學習強化書》葉一／FOREST出版
10《東大生寫給中學生的九個學習祕訣：掌握「自學力」，享受「做到了」的成就感，成績一定提升！》清水章弘／麥田
11《最強大腦學習法：不專心，學更好》凱瑞／天下文化
12《記憶術　心理學發現的二十個法則》南博／光文社
13《無敵的獨學術》博之（西村博之）／寶島社
14《最高學習法：激發最大學習效率的輸入大全》樺澤紫苑／春天
15《東大生的強者思維特訓課：提升記憶、表達、分析、創造力，不只考高分，任何事都學得快、做得好！》西岡壱誠／商周出版
16《東大醫科高材生的滿分讀書法》吉永賢一／商周出版
17《成功人士一定會做的9件事情：科學認證！這樣做，目標一定會實現！》海蒂．格蘭特．海佛森／晨星
18《神動機　幹勁讓你的人生得償所願》星涉／SB Creative
19《第一志願錄取！必勝讀書法》松原一樹／三悅文化
20《防彈成功法則：46個觀念改寫世界規則，由內而外升級身心狀態，讓你更迅捷、更聰明、更快樂》戴夫．亞斯普雷／木馬文化
21《年收入增加十倍的學習法》勝間和代／晨星
22《至死不渝的高速閱讀法：把知識化為收入的秘密》上岡正明／如何
23《「超」學習法》野口悠紀雄／星光
24《將全世界「聰明的人」做的事情整理成冊》中野信子／ascom
25《在家唸書就能考上的高效自習法：跳脫「裝模作樣」的唸書方法，不補習、不苦讀，也能金榜題名！》池田潤／采實文化

26《大合格　不要問參考書，來問我！》中田敦彥／KADOKAWA
27《聰明人學習法　短時間就能提升成果》安河內哲也／中經出版
28《獨學大全　五十五項技法寫給不想放棄必要知識的人》讀書猿／鑽石社
29《實現夢想的學習法》鈴木光／KADOKAWA
30《狡猾的讀書法》佐藤大和／究竟
31《真正的學習法》白川敬裕／鑽石社
32《東大最強頭腦傳授　鍛鍊大腦的五大習慣》水上颯／三笠書房
33《真正的快樂處方：瑞典國民書！腦科學實證的健康生活提案》安德斯．韓森／究竟
34《超高效學習：超級學霸×跨界學習權威的三十五個PRO考試秘技》芭芭拉．歐克莉與歐拉夫．修威／三采
35《親子一起學習　國中生學習大全》道山啟／主婦之友社
36《寫給忙碌父母的育兒百事：一本搞定，專家認證有效，對孩子最重要！》加藤紀子／先覺
37《教育經濟學：用「科學數據」破除教育迷思，培養孩子的自制力、意志力與好成績！》中室牧子／三采
38《心態致勝：全新成功心理學》卡蘿．杜維克／天下文化
39《不斷達成目標的成功者最強學習法　哈佛×MBA×醫師》猪俣武範／Discover 21
40《找對方法就能讀出高分！東大首席律師教你超高效率學習法》山口真由／台灣東販
41《大人的學習法》和田秀樹／PHP研究所
42《健腦15招：提高你的記憶力．專注力．思考力》築山節／天下文化
43《東大生偷偷在做的聰明學習法　商業進修或考取證照都很有效！公認聰明的人，學習法也很聰明！》清水章弘／PHP研究所
44《鍛鍊你的地頭力》細谷功／時報出版
45《超速習法即戰力：啟動快速閱讀，深植長期記憶》園善博／智富
46《十三歲起養成聰明頭腦的祕訣大全》小野田博一／PHP研究所
47《超快速讀書法》宇都出雅巳／晨星
48《這樣學習，一生受用：京都大學超人氣教授開講》鎌田浩毅／究竟
49《大腦活用學習法　奇蹟的強化學習》茂木健一郎／PHP研究所
50《制霸考場！一張紙最強記憶學習法：檢定考用書暢銷TOP1，升學考、國考、證照檢定都適用！利用「記憶週期」分配複習頻率，打造「記住海量資訊」的致勝學霸腦》棚田健大郎／財經傳訊
51《我們每天實踐的最強閱讀法　從報紙、雜誌、網站、書籍增加知識與教養的七十個奧義》池上彰、佐藤優／東洋經濟新聞社
52《槓桿學習全攻略 ：時間最少成效最大的終極學習術》本田直之／高寶

53《我們為什麼要學習？》池上彰／SB Creative
54《沉思錄》馬可斯・奧理略／遠流
55《大人的學習法：踏出舒適圈，以七個習慣與知識逆轉人生》宮崎伸治／楓書坊
56《嚴禁學習法》石井貴士／KIZUNA出版
57《最高專注力：讓頭腦清晰一整天的45項神級高效技巧》鈴木祐／三采
58《大腦當家：12個讓大腦靈活的守則，工作學習都輕鬆有效率》John Medina／遠流
59《教育出不輸給AI的孩子》新井紀子／東洋經濟新報社
60《我們的頭腦鍛鍊法》立花隆、佐藤優／文藝春秋
61《建立「思考力」的書　從讀書和看新聞的方法到整理資訊、發想的技巧》轡田隆史／三笠書房
62《了解考上慶應大→醫大→東大的學習機制　成果方程式》萩原湧人／學研PLUS
63《孩子的才能在三歲、七歲和十歲決定！　鍛鍊大腦的十個方法》林成之／幻冬舍
64《圖解動機大百科》池田貴將／SANCTUARY出版
65《真正的「聰明」究竟是什麼？　有利於學習與人生，一生受用的思考法》齋藤孝／誠文堂新光社
66《東大教授教導的自學學習法》柳川範之／草思社
67《喜歡學習　學校不教的十三個重點》旺文社（編）、入江久繪（漫畫・插圖）／旺文社
68《新版　你也能用十倍速閱讀書籍》保羅・R・席利（著）、神田昌典（審訂）、井上久美（譯）／FOREST出版
69《瞬讀　三分鐘讀完一本書，百分之九十九不會忘記的讀書術》山中惠美子／SB Creative
70《鍛鍊大腦（東大講義　人類的現在一）》立花隆／新潮社
71《學習的哲學　寫給即將到來的笨蛋　增補版》千葉雅也／文藝春秋
72《「從灘高中到東大理III」的三兄弟之母：培育精英的方法》佐藤亮子／KADOKAWA
73《運動改造大腦：活化憂鬱腦、預防失智腦，IQ和EQ大進步的關鍵》約翰・瑞提與艾瑞克・海格曼／野人
74《京大藝人》菅廣文／幻冬舍
75《用七天讓腦袋變靈光》小川仁志／PHP研究所
76《書的讀法　慢閱讀實踐法》平野啟一郎／PHP研究所
77《獨學術》白取春彥／麥田
78《後段班辣妹應屆考上慶應大學的故事》坪田信貴／圓神
79《學習大全　適合每個人的從一開始學習法》伊澤拓司／KADOKAWA
80《每一天，只要比昨天多用功5分鐘就好：首爾、延世大學學霸，撼動45萬韓國學子的反敗為勝讀書心法》朴成赫／聯經

81《記憶是一種技能　科學研究證實！　讓人生快樂十倍的記憶法則》畔柳圭佑／CrossMedia Publishing
82《腦球　幹勁的祕密》上大岡留、池谷裕二／幻冬舍
83《恆毅力：人生成功的究極能力》安琪拉・達克沃斯／天下雜誌
84《書的使用方法　讀懂一萬本書的方法》出口治明／KADOKAWA
85《專為商務人士開設的讀書力養成講座》小宮一慶／Discover 21
86《魔法閱讀法：利用ROI速讀法讓人生暴風式成長》望月俊孝／楓葉社文化
87《斜槓時代的高效閱讀法：用乘法讀書法建構跨界知識網，提升自我戰力，拓展成功人生》山口周／采實文化
88《如何閱讀一本書》莫蒂默・傑爾姆・阿德勒與查爾斯・范多倫／講談社
89《頭腦突然變靈活的右腦刺激法　二十秒就能完全記住自己看到的事物》品川嘉也／青春出版社
90《過目不忘的提升記憶力鍛鍊法》池田義博／SUNMARK出版
91《為什麼聰明人都用方格筆記本？：康乃爾大學、麥肯錫顧問的祕密武器》高橋政史／方智
92《讀書的技法》佐藤優／東洋經濟新聞社
93《思考整理學：最多東大生、京大生讀過的一本書！》外山滋比古／究竟
94《論讀書　另加兩篇》叔本華（著）、齋藤忍隨（譯）／岩波書店
95《每天五分鐘，輕鬆教出哈佛英文力：小學生就能大學考試合格的高效家庭學習法》廣津留真理／木馬文化
96《勸學》福澤諭吉／五南
97《考上第一志願的筆記本：東大合格生筆記大公開》太田文／聯經
98《零秒思考力：全世界最簡單的腦力鍛鍊》赤羽雄二／悅知文化
99《讀書的方法　讀什麼？該怎麼讀？》吉本隆明／光文社
100《眼看著大腦就變聰慧！大腦強化書》加藤俊德／Asa出版
101《提升真正學力之書　在學校能做的事　在家能做的事》陰山英男／文藝春秋
102《異數：超凡與平凡的界線在哪裡？》麥爾坎・葛拉威爾／時報出版
103《你能贏》Shiv Khera（著）、Sachin Chowdhery（監譯）、大美賀馨（譯）／FOREST出版

謝辭

這是藤吉豐與小川真理子合著出版的第三本書，與前兩本一樣，第三本也承蒙各界人士伸出援手。

詳列如下，特此感謝。

- 株式會社日經BP　宮本沙織（本書的責任編輯。只要有事找她，無論任何難題都能迎刃而解。衷心感謝她目標明確、堅持不懈地統籌本書。）
- chloros　齋藤充（經手本書內頁設計。追求完美，十分要求文字排版呈現出的感覺。他是藤吉與小川最信任的人氣設計師。）
- krran　西垂水敦、松山千尋（負責封面設計）
- 大叢山福嚴寺　大愚元勝住持（株式會社文道的命名者）
- 富女子會作家部／石崎彩、SATOU ERI（文道擔任講師的寫作講座學員。協助嚴選一百本書。）
- 伊佐久美子（住在沖繩的「萬事通」。資訊整理高手。）
- 綿貫知哉（從考試指導前輩的立場給予許多寶貴意見）
- 本書介紹的一百本書作者
- 購買本書的所有讀者

最後，謝謝一直支持藤吉與小川的家人們。

作者簡介

藤吉 豐（FUJIYOSHI YUTAKA）

株式會社文道董事長。與其他三名有志一同的夥伴組成編輯團隊「chloros」。日本電影筆會會員。神奈川縣相模原市出身。曾經任職於編輯製作公司，經手企業宣傳雜誌、一般雜誌、書籍編輯與寫作等業務。離開編輯製作公司後，進入出版社工作，歷任兩本汽車專業雜誌的主編。從二〇〇一年成為自由編輯，從事雜誌、企業宣傳雜誌的製作、商業書籍企劃、執筆與編輯。採訪超過兩千人，包括文化人、經營者、運動員、寫真偶像等。二〇〇六年以後，投入商業書的編輯協力工作，撰寫超過兩百本書。也教導大學生和社會人士寫作技巧。作品包括合著《最高寫作法》、《最強說話術》；個人著作《文章力是最強武器》（SB Creative）。喜歡咖啡和貓。

小川真理子（OGAWA MARIKO）

株式會社文道董事。「chloros」成員。日本電影筆會會員。日本女子大學文學部（現為人類社會學部）教育學科畢業。現住東京。曾經任職於編輯製作公司，經手雜誌、企業宣傳雜誌、書籍編輯與寫作等業務。後來成為自由寫手。目前除了從事商業書、實用書等的編輯與執筆外，還開辦寫作課程，教導學生、社會人士及想當文字工作者的人寫作技巧。作品包括合著《最高寫作法》、《最強說話術》；個人著作《女性自由寫手的工作術》（日本實業出版社）。家裡養了兩隻貓。

文道
https://bundo.style/

Facebook
https://www.facebook.com/BUNDO.inc

YouTube「文道TV」
https://www.youtube.com/channel/UC4Tp1uYoit3pHXipRp_78Ng

最強學習法/藤吉豐, 小川真理子作 ; 游韻馨譯. --
初版. -- 臺北市 : 春天出版國際文化有限公司,
2025.02
面 ; 公分. -- (Progress ; 34)
譯自 : 「勉強法のベストセラー100冊」のポイントを1冊にまとめてみた。
ISBN 978-986-94127-0-4(平裝)
1.CST: 學習方法 2.CST: 學習心理學

521.1 113018418

最強學習法

「勉強法のベストセラー100冊」のポイントを1冊にまとめてみた。

Progress 34

作　者◎藤吉豐、小川真理子
排版設計◎齋藤充（クロロス）
譯　者◎游韻馨
總 編 輯◎莊宜勳
主　編◎鍾靈
出 版 者◎春天出版國際文化有限公司
地　址◎台北市大安區忠孝東路4段303號4樓之1
電　話◎02-7733-4070
傳　真◎02-7733-4069
E－mail◎frank.spring@msa.hinet.net
網　址◎http://www.bookspring.com.tw
部 落 格◎http://blog.pixnet.net/bookspring
郵政帳號◎19705538
戶　名◎春天出版國際文化有限公司
法律顧問◎蕭顯忠律師事務所
出版日期◎二〇二五年二月初版
定　價◎370元

總 經 銷◎楨德圖書事業有限公司
地　址◎新北市新店區中興路2段196號8樓
電　話◎02-8919-3186
傳　真◎02-8914-5524
香港總代理◎一代匯集
地　址◎九龍旺角塘尾道64號 龍駒企業大廈10 B&D室
電　話◎852-2783-8102
傳　真◎852-2396-0050

ISBN 978-986-94127-0-4
Printed in Taiwan